馬をたすけ 人をたすけ

名伯楽・角居勝彦がめざす「陽気ぐらし」

片山恭一

Katayama Kyoichi

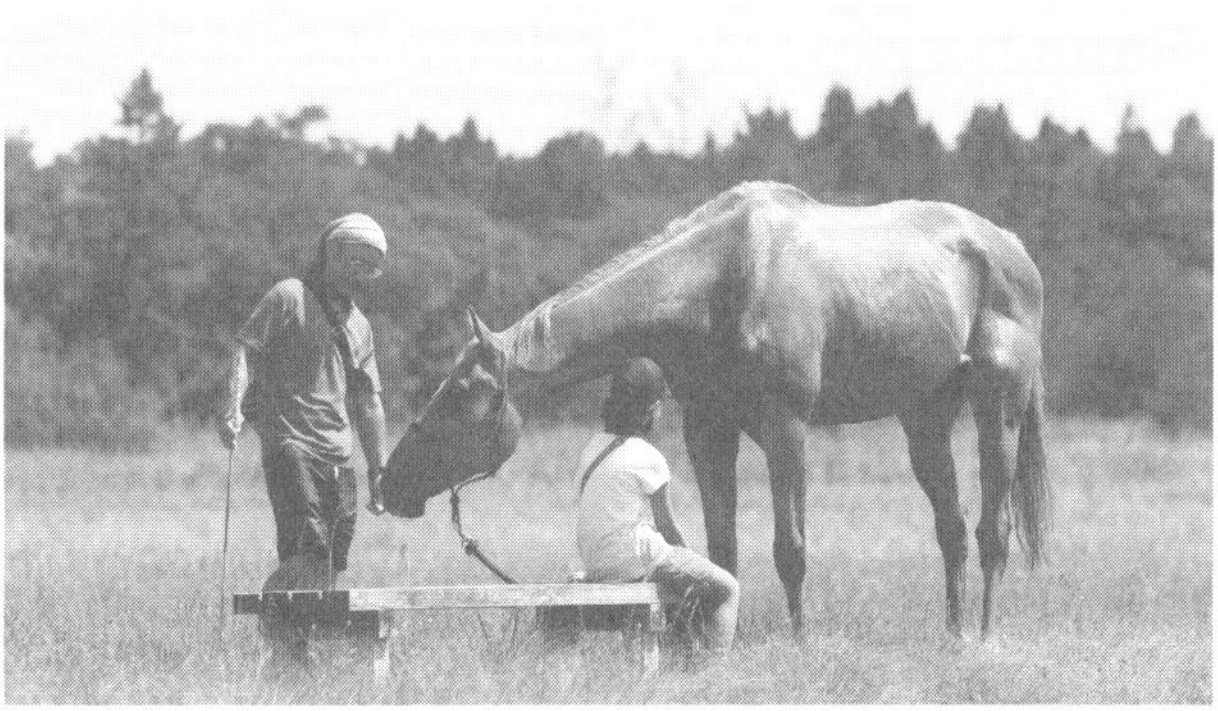

道友社

馬をたすけ 人をたすけ

名伯楽・角居勝彦がめざす「陽気ぐらし」

【目次】

能登半島地震で亡くなられた方々に、謹んで哀悼の意を表すると共に、被災された皆さまに、心からお見舞いを申し上げます。

なお本書は、令和5年に行った取材を元に構成されています。

令和6年2月　道友社編集部

プロローグ

「もし馬がいなかったならば、二一世紀もまだ古代にすぎなかったのではないだろうか。人々の意識に流れる時間はゆったりとしており、遠方の地の知識もかすんではっきりしない。すみやかに事を実行するにこしたことはないが、性急に事を運ぶ人間は疎《うと》んじられるにちがいない。彼方《かなた》の出来事などなにも、わが身にしみて感じられることではない。古代とは、そんな緩慢と茫漠《ぼうばく》があたりまえのような世界だった。もし馬が地上に存在しなかったなら、古代という時代が、ひたすらつづいていただろう」

（本村凌二『馬の世界史』）

そうはいうものの、馬にまつわることわざ、慣用句って「あんまり」なものが多いと思いませんか？　たとえば、こういう場面。

「お嬢さんと結婚させてください」

「おまえみたいな、どこの馬の骨かわからないようなやつに大事な娘をやれるか！」

馬と骨、この意表を突いた取り合わせが悲しくも切ない。あるいは馬齢を重ねる、馬脚《ばきゃく》を現す、馬の耳に念仏と、どこまでいっても馬は浮かばれない。馬面《うまづら》などという、ほとんどハラスメントに近いものさえある。

こうした言葉のうえでの馬に対する非道な仕打ちは日本だけのものなのか？　広く世界のことは知らないが、「Even the best horse stumbles.(名馬もつまずく)」とか「It would make a horse laugh.(馬も笑うほどだ＝おかしくてたまらない)」とか、英語のほうでも、あまりパッとしないようだ。

しかし馬がいなければ、最初の世界帝国といわれるアッシリアも、ローマ人を熱狂させた戦車競走も、そのローマ帝国を解体させたフン族の侵攻も、とりわけチンギス・ハンのモンゴル帝国もなかったはずだ。これらの民はいずれも馬を巧みに操る人たちであり、騎馬隊を重要な戦力としていた。そうなのである。歴史に登場した馬は、言葉の世界での道化ぶりとは裏腹に、人々を震撼《しんかん》させる強大な戦力だった。

戦力としての馬。戦場へ駆り出される馬。斎藤茂吉《もきち》の短歌では、『赤光《しゃっこう》』におさめられた「死にたまふ母」の連作が有名だが、この歌人には虫や動物の歌も多く、馬もよく出てくる。わけても、『つきかげ』に収められた次の一首は哀切である。

黄海もわたりゆきたるおびただしき陣亡の馬をおもふことあり

軍馬として大陸に連れていかれ、帰国することのなかった馬たちを哀悼している。「陣亡」とは戦死のこと。「陣没」ともいう。先述のように、馬は古来、軍事に用いられることが多かった。朝鮮半島を経由して日本に馬が入ってきたのは5世紀ごろとされる。このときの馬も主に軍用と考えられている。当時、馬は最新の軍事兵器だったのである。以来、馬といえばまず騎馬である。『平家物語』などが伝える源平合戦の主力は騎馬であり、とくに義経に率いられた精鋭70騎兵が一ノ谷の断崖絶壁を駆け下る「逆落とし」は圧巻である。日本だけではない。ジョン・フォード監督の名画の多くも、馬がいなければ映画として成立しなかっただろう。

敵を打ち負かし圧倒するために、馬をいかに速く走らせるか、すばらしい脚力のある馬を生み出すか、ということに人々の関心が集まった。馬匹《ばひつ》改良による大型化も進んだ。それが延《ひ》いては競走馬や競馬を生んだと考えられる。

その競馬、日本ではかつてない活況を呈し、現在では4兆円規模の産業といわれる。日本中央競馬会（JRA）は馬券で得た利益の大半を国に納めている。競馬は農林水産省の管轄だから、JRAの国庫納付金は農水省の重要な財源になっているはずだ。いわば競走馬が日本の農業を支えているのである。にもかかわらず毎年、数多くの馬が走れなくなったことを理由に処分されている。その数は年間7千頭ともいわれる。ここでもなんだか馬は憐《あわ》れである。


わたしが育った四国の小都市では、昭和40年代のはじめごろまで、街はずれなどで使役《しえき》の馬を目にすることがあった。よく見かけたのは荷車に丸太を載《の》せて引いている茶系統の馬だ。馬糞《ばふん》などなおも身近な存在で、誤って踏みつけたりすれば、しばらくは遊び仲間たちの憫笑《びんしょう》を買うことを覚悟しなければならない。

小学校では「バフン紙」というのをよく使っていた。辞書を引くと「麦わらなどを原料とした質の悪い厚紙」と出ている。おそらく工作などで使っていたのだろう。その色合いは、いかにも「馬の糞」だった。

現在では、街中《まちなか》で動いている馬を見ることはほとんどない。神社や遊園地の一角で細々と飼われているのを目にすることはあっても、ただノソノソしているだけなので、あまり「馬」という感じがしない。乗馬クラブのようなものはあっても、ゴルフ場みたいに全国津々浦々というわけではない。

そもそも馬というものは、個人が気軽に飼える動物ではない。犬や猫のように、マンションやアパートの一室で飼うことは不可能だし、一戸建てといっても都市部では、まず無理である。フローベールの小説『ボヴァリー夫人』には、夫のシャルルが浮気性の妻のために、近所の農家から乗馬用の馬を1頭買ってやるというエピソードが出てくる。1830年ごろのフランスの田舎では、うだつの上がらない町医者でも、そんなことが可能だったのだろうか。

現在では、よほどのお金持ちでないと無理だろう。馬を飼うとなれば、厩舎《きゅうしゃ》だけでなく、馬を走らせる馬場も必要だし、さらには新鮮な青草の生えた牧草地などが近辺にあることが望ましい。となると、イギリスのスコットランドとか、アメリカは東海岸メイン州あたりの大邸宅ということになりそうだ。代々の貴族か名家、石油やＩＴで財を成した富豪ででもなければ、おいそれとは飼えない代物《しろもの》である。

ということで、庶民にとって馬といえば、やはり競馬ということになってしまう。下手《へた》をすると生きている馬よりも、馬刺しなどのほうが身近だったりする。

どうも昨今の馬たちとの付き合い方は、あまり好ましいものではないようだ。やさしさや思いやりが足りない気がする。馬や動物たちとの付き合い方は、人間同士の関係にも反映してくるだろう。馬を粗末に扱っているわたしたちは、人も粗末に扱っているのかもしれない。馬との付き合い方を見直すことは、人の世界のあり方を変えていくきっかけにもなるはずだ。そんなことも頭の隅に置いて、話をはじめてみたい。

第1章 街頭に立つ名伯楽

雨の降りしきる奈良市JR奈良駅前、黒いハッピを着た男が、拡声器を片手に行き交う人たちに語りかけている。「親神様《おやがみさま》」とか「おぢば」とか、普通の人にはわかりにくい言葉が出てくる。どうやら天理教の発祥や教えについて話しているらしい。その傍《かたわ》らを、多くの人が雨傘を片手に足早に通り過ぎていく。耳を傾ける者はほとんどいない。奈良なので外国人観光客も多い。彼らのなかには「なにかしら?」といった好奇の目を向ける人もいるが、やはり立ち止まることはない。

路傍講演というらしい。喋《しゃべ》っている男の横に、もう一人、小柄な男が「陽気ぐらしの天理教　感謝、慎み、たすけあい」という白い文字が染め抜かれた紺色の幟《のぼり》を持って立っている。最初のうち、幟を持った男は、喋っている男の横で通り過ぎる人たちに頭を下げているだけだ。やがて幟を喋っている男に託すと、自ら小さなリーフレットのようなものを通行人に手渡しはじめる。ほとんどの人は受け取らない。それでも男は頭を下げてリーフレットを差し出しつづける。どうやら喋っている男が先輩の布教師で、彼のほうは見習いといったところらしい。

話がはじまって20分ほど経《た》ったころ、今度は見習いの男が、先輩布教師から拡声器を受け取り喋りはじめた。「人をたすけてわが身たすかる、それが『陽気ぐらし』の境地にな

ＪＲ奈良駅前で通行人に語りかける

ります」。決して流暢《りゅうちょう》な話し方ではない。むしろ言葉に詰まって、たどたどしい。少しあがっているようにも見える。それでも男は懸命に喋りつづける。現代の世相について。若者たちが強盗をはたらき、教師が人を殺す。誰もが自己中心的で、自分のことしか考えない。自分の力を過信している。良いことをすれば良い種が蒔《ま》かれる。それが実りをもたらすのは自然の摂理である。人と人とがたすけ合って生きることで、「陽気ぐらし」が実現されていくのです……。

いつのまにか雨のあがったＪＲ奈良駅前を、人々は相変わらず足早に過ぎていく。懸命に語りつづける男の言葉に、大半の者は耳を傾けていない（ように見える）。どうしてこれほどまでに通じないのか。通じない言葉を、なぜこの男は語りつづけるのか。素っ気ない相手に笑顔を絶やさず、「ありがとうございます」と頭を下げつづけるのか――。

その日の午後、男はなぜか天理大学にいた。といっても現在の杣之内《そまのうち》キャンパスではなく、西山《にしやま》古墳に隣接する古い校舎で、隣は天理高等学校の西山校舎である。男は屋根付きの小さな馬場で、聴講生らしき人たちに馬具の説明をしている。まず馬の背中に載《の》せる鞍《くら》。人が馬に乗るための椅子《いす》の役割を果たす。乗馬用、障害馬術用、レース用など、いくつかの種類がある。実物がビールケースの上などに無造作に置いてある。高級なものになると100万円を超えるらしい。

隣接する高校の教室で軽音楽部が練習している。演《や》っているのはロック。エレキギターやドラムの音がかなりうるさい。そんな環境のなか、男の説明は馬の手入れに使う道具に移っている。ブラシだけで何種類もある。根ブラシは泥やおがくずや藁《わら》などの大きな汚れを落とすためのもの。毛が短くて硬い毛ブラシは、毛並みを整えるもの。水気を切るのに使う金ブラシもある。次は蹄《ひづめ》の裏を掃除する道具。「テッピ」というらしい。男は実際に作業しながら、ユーモアも交えて一つひとつ丁寧に説明していく。

補助的な道具は山ほどある。馬の耳を覆う帽子みたいなもの。競馬では「メンコ」と呼

天理大学での実習中、馬上で動きの特徴を説明する

ばれる。耳を覆うことで、音を遮断《しゃだん》して音に敏感な馬を落ち着かせる効果がある。「サイドレーン」と呼ばれる馬の姿勢を矯正するための補助道具。こうした道具は、いい面もあるけれど弊害も出てくるので、できれば使わないほうがいい。

次に馬の乗り方の説明に入る。実際に馬に乗って、長方形の馬場をゆっくり歩ませながら説明していく。馬の動きの特徴。８の字の横の動きと上下の縦の動きがミックスされ、かなり複雑な動きになる。これは人間が歩行するときの動きに近い。そのため下半身を傷《いた》めている人、いままで歩いたことのない人、また歩けなくなった高齢者でも、馬の上で「歩く」ことを疑似的に体験できる。馬に乗っているだけで背筋や腹筋や体幹などが鍛えられるため、歩行と同じような運動効果も期待できる。姿勢が制御されてバランス感覚がよくなる。

午前中の路傍講演とは打って変わって、男の口調はなめらかである。話しぶりに余裕がある。馬の乗り方も堂に入っている。どうやら彼の得意分野は馬らしい。

「馬って背中に乗せている人のことを不思議と理解してくれるんです。馬のほうが人に合わせてくれる。乗っている人の重心位置がずれていたら、馬のほうで重心を探してくれる。乗る人が落っこちないように、馬がバランスをとってくれるんですね。馬にとっては無理な姿勢で歩いているわけだから、相当なストレスなんですけど、無言で耐えてくれる」

午前中は布教師の見習い、午後は大学で馬の講義をするユニークな先生、二つの顔をもつこの男が、かつて競馬界で伝説的な調教師であったことを知る人はほとんどいない。

〝競馬界の革命児〟と称され

デルタブルース、シーザリオ、ハットトリック、ウオッカ、ヴィクトワールピサ……これらはなんの名前でしょう？　という質問に即答できる人は、意外と少ないのではないか。ちなみに、わたしの家族（一緒に住んでいる妻と次男）は、しばらく考えて「馬？」という感じだった。

これが競馬ファンになると、まるで違ってくる。ウオッカは酒の名前ではなく、牝馬《ひんば》（雌馬《めすうま》）として史上3頭目、じつに64年ぶりに日本ダービーを制した名馬であり、宅配ピザ屋と見まがいそうなヴィクトワールピサは、高額な賞金で知られるドバイ・ワールドカップを日本馬として初めて制した名馬である。さらに競馬に詳しい人ならば、これらの馬の管理調教師の名前も知っているかもしれない。

角居《すみい》勝彦。１９６４年、石川県生まれ。２０００年に調教師免許を取得し、２００１年に角居厩舎《きゅうしゃ》を開業。以後、20年間に中央競馬でＧ１・26勝、重賞計82勝を含む７６２勝、最多勝利３回、最多賞金獲得５回など、13のＪＲＡ（日本中央競馬会）賞を受賞。地方、海外を含めてＧ１・38勝、先にふれたヴィクトワールピサでドバイ・ワールドカップを制すなど、海外でも活躍。〝天才的調教師〟とも〝競馬界の革命児〟とも称される伝説的な名伯楽である。

といった具合に紹介したところで、競馬に疎《うと》い人には「スゴさ」は伝わらないかもしれない。わたしもその部類である。やはり馬券を買って、競馬場に足を運ばないと〝伝説〟の重みはわからないのだろう。競馬ファンには「いまさら」という感じだろうが、わたし自身がずぶの素人なので、ごく基本的なところをおさらいしておきたい。

まずG1というのは国際的に最高の格付けの競馬競争である。Grade《グレード》1やGroup《グループ》1の略称で、JRAが主催する中央競馬は、いずれも国際グレードを取得しているためG1表記となっている。現在、20レース以上あるG1レースのなかで、〝クラシック三冠〟と呼ばれる皐月賞《さつき》、日本ダービー（東京優駿《ゆうしゅん》）、菊花賞《きっか》などはテレビのニュースなどでも報道されるので、競馬ファンでなくても名前くらいは知っている人が多いだろう。重賞にはG1を含めてG2、G3と三つのクラスがある。いずれも出走する馬のレベルが高く、賞金も高額であることから、こう呼ばれる。

そのうち馬主《うまぬし》、騎手、調教師、厩務員《きゅうむ》など「ホースマン」と呼ばれる人たちが、最も勝ちたいと口にする日本ダービーは、年間8千頭ほど生まれる3歳馬の日本一を決めるレースである。昭和7年から実施されている〝日本最高峰のレース〟ともいわれる。現在は東京競馬場の芝2400メートルで行われ、一応、牡馬《ぼば》・牝馬を問わず3歳馬なら出走できる。しかし雌馬の場合は、牝馬限定戦のオークス（優駿牝馬）があるので、ほとんどはこちらへ向かう。

男子マラソンに女子が出場するようなもの、ともいわれるほど体力的に劣る牝馬のダービーへの出走は、ほとんど無謀と考えられてきた。これまで何頭か牝馬が走っているが、ウオッカが優勝した2007年の時点で、過去73年にわたる日本ダービーの歴史において、ダービー牝馬は2頭しかいなかった。最後に勝ったのは64年前のクリフジという馬で、ウオッカの出走は牝馬としては11年ぶりだった。

2007年のレースでも、18頭のうち牝馬はウオッカだけである。それが2着に3馬身、タイムにして0・5秒の差をつけて優勝したのである。いかに大変な出来事だったか、これを書いている当人も、ようやく実感が湧《わ》いてきているところだ。実際、そのときの写真を見ると、まさに〝ぶっちぎり〟という感じである。観衆の興奮が伝わってくるようだ。

お金の話で恐縮だが、角居調教師の表彰歴のなかにあった「最多賞金獲得調教師賞」についても少しふれておこう。その前に、運営の話をしておいたほうがいいかもしれない。調教師は馬主から馬を預かっている。馬の飼《か》い葉《ば》や人件費は、馬主の負担となる。厩舎によって多少の違いはあるが、馬主は1頭あたり月70万円ほどの預託金を厩舎に支払っている。馬房《ばぼう》が20あれば1400万円ほどが預託収入ということになる。

厩舎の収入としては、預託料以外に進上金と呼ばれるレース賞金がある。賞金の内訳は、おおよそ馬主が80パーセント、調教師10パーセント、騎手と厩務員がそれぞれ5パーセントとなっている。2023年に最も賞金の高かったG1レースは、ジャパンカップと有馬《ありま》記念の5億円である。これらのレースで1着になれば、調教師は5千万円を手にすることになる。そうして該当年度中に獲得した賞金の合計が最多だった者が、先の「最多賞金獲得調教師賞」を受賞する。

角居調教師は、これを5回も受賞している。常識的に考えれば、とんでもないお金持ちということになるが、本人に確認していないのでわからない。とにかく競馬というのは巨額のお金が動く世界のようだ。そんなところで長年生きてきた人が、いまは駅前で通行人に語りかけたり、頭を下げてリーフレットを手渡したりしている。また午後には、ロックがうるさい古い校舎で馬の講義をしている。これだけでも、いったいどういう人なのか、もっと知りたくなってくる。

第2章 少年、馬と出会う

少年は石川県金沢市で生まれた。東山というところで、近くには金沢観光のメインスポットの一つ、ひがし茶屋街がある。もともとは「ひがしの廓《くるわ》」といって花街だったところだ。武家文化の名残を感じさせる石畳の美しい街並みは、国の保存地区に指定されている。和菓子や伝統工芸品などの店やカフェが充実しているため、最近では着物姿で街歩きを楽しむ若い男女の姿も多く見られる。とにかく場所柄的に、馬とはまるで縁のないところである。

父親は専売公社、現在のＪＴに勤めていた。ちなみに競馬はやらなかったそうだ。そもそも金沢という街は伝統や文化を大事にするところで、「ギャンブル＝悪」というイメージのある競馬は、あまり流行《はや》っていなかったようだ。

祖父の代から、石川県の天理教の有力教会の役員を務めており、一家は鹿島《かしま》大教会の境内にある一軒家に住んでいた。祖父の郷里は能登《のと》半島の先端にある珠洲《すず》で、のちに調教師を引退した角居が、馬のセカンドキャリアをつくる仕事をはじめるときの拠点となる。

大教会のなかには、同じように役員の数家族が暮らしており、少し離れたところにも信者の家があった。父親には勤めがあるため、教会の仕事は主に母親が引き受けていた。４人兄弟の３番目である彼も、親の手伝いとして小さいころから教会の掃除などをしていた。

とくに動物好きの少年というわけではなかった。教会内ということもあって、犬や猫を飼うというわけにはいかない。せいぜい鳥か金魚くらい。当然、彼の頭のなかに、まだ馬の姿はない。小学生のころはアトピーがあって身体《からだ》が弱く、両親が心配するような子だったらしい。たいてい家のなかにいて、口数も少なかった。当時、少年は祖父母と両親、それに男ばかり３人の兄弟とともに暮らしていた。家はそこそこ広く、毎月定例の大教会の祭典時には玄関先で餅《もち》つきをした。来客も多かったようだ。

教会の横を城下町特有の細い道が走っている。道を渡ると小学校のグラウンドだ。そのため教会の子どもたちは、グラウンドの金網が破れたところをくぐって学校へ通うことができた。チャイムが鳴ってから家を出ても、金網さえくぐってしまえば学校のなかだ。とにかく、このあたりの道は狭い。車１台がようやく通り抜けられるようなところが多い。家も立て込んでいる。まさに下町といった感じである。

ちなみに、少年たちの通う学校は馬場小学校という。おそらく、かつて加賀藩の馬場だったところにできた小学校なのだろう。そこで将来の名伯楽が６年間を過ごしたというのは、たんなる偶然とはいえ面白い。また敷地の境界の金網くぐりを常習としていたということは、朝起きするのが苦手な少年だったのかもしれない。これも調教師という仕事が、めっぽう朝の早いものであることを考えると、どことなくほほ笑ましい。

余談だが、この馬場小学校は、かつて養成小学校といっていた時代に泉鏡花《いずみきょうか》や徳田秋声《しゅうせい》も通ったところだ。鏡花の生家は、小学校から浅野川を渡った対岸にあり、現在は泉鏡花記念館になっている。小学校の正門横に鏡花と秋声の石碑が建っている。碑文には、鏡花の遺作にして金沢を舞台とする『縷紅新草《るこうしんそう》』の一節が掲げられている。碑文の書は川端康成。なかなか文学的な香りの高い小学校である。

角居少年の話に戻ろう。当時の彼は、小学校から帰ってくると、玄関の隙間《すきま》からランドセルを投げ入れ、大人たちに見つかる前に逃げるようにして遊びに行く子どもだった。そのころ、街中に暮らす子どもたちがやる遊びといえば種類もかぎられている。鬼ごっこや缶蹴《け》りなどが、昭和30年代、40年代の正しい子どもたちの遊びである。野球やサッカーをしようにも、グローブやボールは身近にはほぼない。せいぜい空き缶か、小さなボールの一つもあれば上々だ。遊ぶのに創意工夫が必要な時代だったと言える。

教会の手伝いは、幼いころから生活のなかにごく普通に組み込まれていた。もちろん、御用や奉仕といった意識はない。信仰や宗教のなんたるかも理解していない。「こどもおぢばがえり」（天理で夏に行われる子ども向けの催し）などには夏休みのレクリエーショ

天理教鹿島大教会

馬場小学校。校章は「馬」

ンという感じで参加していた。

ところが中学生になると、自分のところの宗教が、仏教やキリスト教とは違うという自覚が芽生えてくる。それまで自然だったものが、世間的には新宗教や新興宗教と呼ばれ、いくらか特別な目で見られているらしいことに気づかされる。すると学校のなかでは恥ずかしくて、なかなか「天理教」と言えなくなってしまう。

一方で、天理教学生会の活動には自然なかたちで関わっていく。宗教的な活動というよりは、高校のクラブ活動とは別のサークル活動という感じだった。高校3年生では石川教区の委員長を務めることになる。二人の兄が学生会の副委員長や書記をしていた関係で、自然な流れとして彼のところにお鉢がまわってきたようだ。

高校を卒業したあと、帯広《おびひろ》畜産大学を受験するも失敗。進学校だったが、1年浪人して再挑戦という気はなかった。あまり大学に気持ちが向かっていなかったのかもしれない。そこで彼は予備校へ通うかわりに、奈良県天理市に本部がある天理教の修養科に入ることにした。この機会に、教理への理解を深めようと思ったのだろうが、同時に、信者詰所で合宿生活を送る3カ月のあいだに、ゆっくり自分の将来のことを考えようとしたのかもしれない。

石川県の輪島《わじま》市に祖母の開いた布教所（全国各地にある小規模の布教拠点）があった。修養科を了《お》えたあとは、その布教所で住み込みとして働こうかとも思った。しかし一度は外へ出て、自分の力でお金を稼いでみたいという気持ちも強かった。親元を離れて独り立ちして、何か自分のなかで技術をつかみたい。結局、父親の紹介で天理教の関係者が経営する北海道の牧場に就職することになる。

それにしても、どうして北海道だったのだろう？　彼が受験した大学も帯広畜産大学である。どうやら「北海道」と「動物」は、漠然とした未来にあって、彼を進むべき方向へ導く道標《みちしるべ》みたいなものだったらしい。この時点で考えれば、まず北海道は遠隔の地であることが一つのポイントだろう。外に出るなら、思いきり遠くへということか。容易に親元へ立ち戻れないところに自分を追いやった、とも言えそうだ。さらには親兄弟、親戚縁者から離れたいという気持ちもあったかもしれない。人との付き合いよりも、動物との付き合いを求めたというのも、同じ動機だったように思える。

想像するに、幼いころから大教会のなかで役員家族として暮らすことは、精神的にかなり窮屈で息苦しいものだったのではないか。一度は天理のコミュニティから離れてみたいという気持ちもあったように思える。まして18、19といえば、親の拘束から離れたい気持ちが募る年ごろだ。知った人が一人もいない街で、まっさらな自分をはじめてみたい。誰だって一度くらいは、そんな思いにとらわれる。

たしかに彼が過ごしてきた教会を中心とするコミュニティは、一方では大変に心地のいいものだろう。とくに子どものうちは、近所付き合いの親しさは楽しく好ましいものである。ところが思春期を迎え、「自我」などという厄介なものに取り憑《つ》かれると、この親しさが、かえって煩《わずら》わしくなる。そこから逃げて孤独になりたいという気持ちが強くなる。これは現在でも、田舎で暮らす若い人の心情としてありつづけている気がする。年寄りを中心とした数少ない住人が、一つの地区で親密に助け合って生きている。外から見ていると羨《うらや》ましくも思えるが、濃密な人間関係の裏側には、やはり相応のストレスもありそうだ。とくに若い人のなかには、逃げだしたいと思う人が少なくないだろう。

彼もその一人だったようだ。そして逃亡の手段が、北海道と馬だったことになる。遠隔の地で動物を相手に、無我夢中になれる仕事として牧場を選んだ、ということかもしれない。この段階で、青年に馬の知識は全くない。触《さわ》ったこともなかったらしい。競馬についても同様で、JRAの存在も知らなければ、中央競馬と地方競馬の区別もつかなかったというから、ほとんどこの文章を書いている者と同じだ。また、父親のもとを離れようとして、父親の知り合いが経営している牧場へ行ってしまったというのもおかしい。そもそも「逃亡」にさえなっていない観がある。

未知の世界へ飛び込む

彼が就職した「グランド牧場」は北海道の日高郡《ひだか》にある。創業は昭和2年（1927年）というから、かなり古い。牧場の隣が野球場だったことから、当初「グラウンド牧場」と呼ばれていたのが、やがてグランド牧場に変わり、正式な名称となった。サラブレッド競走馬の生産・育成牧場で、子を産む繁殖牝馬《ひんば》が30〜40頭いた。有名なノーザンファームをはじめとして、こうした生産牧場が北海道には数多くあり、グランド牧場は日高で中堅クラスといわれていた。

ここでサラブレッドについて少しふれておこう。現代の世界中のサラブレッドは、父系の血統をたどると、すべて3頭の馬にさかのぼることができるといわれている。まず1700年ごろに生まれたダーレーアラビアンは、オスマン＝トルコのアレッポ（現在のシリア北西部の都市）に駐在していたイギリス領事がアラブの族長から買い取り、本国へ送ったとされる。エクリプス系とも呼ばれるこの系統は、今日ではサラブレッド競走馬において90パーセントを超える占有率を誇る大父系へと発展している。

これに、北アフリカのバーバリー（エジプト以外の北アフリカ回教地域）で1724年ごろに生まれたゴドルフィンアラビアン（またはゴドルフィンバルブ）、そしてイギリスがハンガリーでトルコと戦争したときに捕獲したという推定1680年生まれのバイアリーターク、以上2頭を加えた3頭の馬を「サラブレッドの3大始祖（3大父祖）」という。

こうした記述からもわかるように、多くのサラブレッドは近親交配によって生まれる。強かった馬の血を、よりよく出したいと思えば、どうしてもそうなるのだろう。父系と母系の血統をそれぞれさかのぼり、5代以内に同一馬が配合されている場合をインブリードという。極端な場合は牡馬《ぼ》と牝馬《ば》、それぞれの孫同士を交配させる。血統がもつプラスの特質を引き出すためだが、当然、劣性遺伝子同士のかけ合わせによって奇形の生まれるリスクも高くなる。あまり公にはされていないが、足が曲がって生まれたり、目がなかったりという場合も結構あるらしい。

逆に父系、母系をさかのぼっても、5代以内に同一馬が配合されていないケースをアウトブリード（異系交配）といい、血が濃くなりすぎることを防ぎ、別の血統の血を入れて活性化させることを目的として行われる。どうすれば奇形が生まれにくく、なおかつ優秀な血統をいかに引き継がせるかということで、その比率が世界的に研究され、４×３を「奇蹟の血量」と言ったりもする。つまり父系の４代前と母系の３代前、あるいはその逆のインブリードで交配させることで、この血量をもつ馬に名馬が多いことに由来するらしい。いずれにしても複雑怪異、魑魅魍魎《ちみもうりょう》が跋扈《ばっこ》する世界であることは、間違いなさそうだ。

そんな世界に、弱冠18歳の角居青年は北海道と馬を手掛かりに飛び込んでしまった。全く知らない競馬の世界である。不安はあった。一方で、未知の世界にふれる喜びもあったはずだ……が、とんでもない。そんな生易《なまやさ》しいものではなかった。まず金沢と比べても、北海道の寒さは想像を絶するものだった。しかも牧場の仕事は体力勝負の重労働である。よくもまあ、こんなきつい仕事が世の中にはあるものだ、と世間知らずの若者は早々に自分の甘さを思い知らされた。

最初の仕事は、朝早く馬房《ばぼう》の寝藁《ねわら》を揚げて、新しい藁と交換することだった。初めて見る馬は大きくて怖かった。とくにサラブレッドの体高（肩までの高さ）は１６０～１７０センチあり、１２５～１３５センチの道産子《どさんこ》などからすると、かなり大型だ。気性も荒かったり神経質だったりするから、蹴られたり噛《か》まれたりすることもよくある。なにしろ相手は体重500キロである。打ち所が悪ければ大怪我《けが》をする。これまで味わったことのない緊張感のなかで、彼は与えられた仕事をこなしていくことになる。

牧場の1年はめまぐるしい。生産牧場というのは、基本的には繁殖牝馬に種付けをして仔馬《こうま》をつくり出す牧場である。牝馬の妊娠期間は340日といわれる。1年に1頭を出産させるためには、分娩《ぶんべん》後、速やかに種付けを行い妊娠させる必要がある。馬の場合、分娩後の子宮は驚異的なスピードで回復し、健康な牝馬は10日前後で再び発情し、排卵が認められるという。国内のサラブレッドの生産では、主にこの時期に種付けが行われる。まさに季節繁殖動物であり、経済動物である。グランド牧場のような生産牧場の業種名が「水産・農林業」であるのも、うなずける。

それにしても、分娩から10日ほどで再び妊娠可能な状態になるというのは驚きだ。これは野生の馬が生き残るために身に付けた能力かもしれない。一般に多産であることは、その生き物が弱い証拠である。虫や魚が卵をたくさん産むのは、食べられることを勘定に入れているからだ。草食獣である馬の場合も、ライオンなどの肉食獣に襲われることが多い。とくに仔馬は狙《ねら》われやすい。1回に1頭しか生まれず、しかも妊娠期間が長い馬の場合、すぐに次の子を産まないと、種《しゅ》として生き残っていくことが難しかったのかもしれない。そうした野生動物として身に付けた能力を、人間はうまく利用してきたとも言える。

４月から５月にかけて種付けが終わると、すぐに牧草刈りがはじまる。牧草用の土地にチモシーなどの草を生やし、乾燥させて牧草の束にする。これを４トントラックに積み込んで、厩舎《きゅうしゃ》の２階へ運ぶ作業を繰り返す。こうして繁殖馬や仔馬に食べさせる１年分の牧草をストックするのだ。作業は、草の生えはじめる５月から７月ごろにかけてつづく。

牧場に入って１年目に、角居青年にも乗馬用の馬が与えられた。競馬を引退した繁殖牝馬や、いわゆる〝当て馬〟である。当て馬というのは、出産したあとの繁殖牝馬が再び妊娠可能かどうかを確認するために、あてがわれる牡馬のことである。いわばおとり、種牡《しゅぼ》馬《ば》ではないから実際に交尾はできない。英語では「ダミー」などという身も蓋《ふた》もない言い方もするようだ。そういえば、学生時代に馬券を買う友だちがいて、一緒に酒を飲んだときなど、ふと遠い目をして「当て馬にはなりたくないなあ」ともらすことがあった。正確な意味を知らずに聞き流していたが、なるほど、そういう意味だったのか……。

閑話休題。先ほども述べたように、サラブレッドの体高は１６０～１７０センチ、この上に乗ると、人の目線は250センチくらいになる。そのため慣れるまではかなり怖いらしい。角居青年の場合も1年くらい練習して、なんとか馬上に留《とど》まれる状態にはなったが、大きなコースを走ると、馬のちょっとした動きで落とされてしまう。馬に言うことをきかせるなど、とんでもないことに思えた。

ところが乗馬の心得のある人が乗ると、彼が乗りこなせない馬でも簡単に乗りこなし、さらに歩様《ほよう》の悪い馬を直したりもする。人馬一体といわれるように、馬と人の重心が上手《じょうず》に重ならないと、馬は正しく歩いたり走ったりすることができない。馬がバランスを崩さずに走るためには、馬上で力を入れたり、抜いたりするタイミングを会得しなければならない。これが初心者には難しい。

仔馬は通常、生まれて半年ほどすると離乳し、中期育成（イヤリング）の期間に入る。馬の性格を見極め、人と接する時間を長く確保することによって、人間との信頼関係を構築し、「人は怖くない」と理解させるのが目的だ。その後、立ち方や基本動作を覚えさせ、輸送等の外部環境にも慣れさせ、安全に調教が行えるように信頼関係を築いてから、1歳くらいで育成牧場へ送り出す。ここから競走馬としてのトレーニングがはじまる。

角居青年が入社したころ、生産牧場は変遷期にあたっており、大手の牧場が自前の育成場をもちはじめていた。グランド牧場でも育成場をつくって調教や馴致《じゅんち》をはじめることになった。馴致というのは、人を乗せるために装着する道具に慣れさせ、手入れ、トレーニング、輸送、装蹄《そうてい》、ゲートなどの多くの事柄を、人とともに落ち着いて実施できるようにすることである。背中に人を乗せることを馬が理解するまで、じっくり教え込む。

騎乗者を乗せて常歩《なみあし》、速歩《はやあし》、駈歩《かけあし》を行えるようにすることを「騎乗馴致」という。育成牧場では何も知らない仔馬に、鞍《くら》をつけ人を乗せるというところから、競走馬として速く走るというところまで順を追ってトレーニングする。そのための若い乗り手を、牧場では探していた。おかげで初心者の彼もどんどん馬に乗るように言われた。しかし前述のごとく、本人にとってはほとんど恐怖体験に近いものだったようだ。

こうして仕上げた馬を、中央競馬のトレーニング・センターへ送るのだが、「この馬はなんの躾《しつけ》もできていない」と戻されてくることがある。手塩にかけて育てた馬が何度も送り返されてくると、腹が立つと同時に、牧場とトレーニング・センターでは何が違うのだろうと興味を覚えた。競馬場で走るための馬のトレーニングはどのように行われるのか、実際に見てみたい、学んでみたいと思うようになった。

そこでグランド牧場を辞《や》め、競馬学校の厩務員課程に入学することにした。基本乗馬、馬学、栄養学、競馬法規など、馬の勉強に明け暮れる4カ月間だった。中央競馬のトレーニング・センターは美浦《みほ》（茨城県）と栗東《りっとう》（滋賀県）の2カ所にある。とくに希望を出さなかった彼は、栗東の厩舎に配属された。22歳のときだった。厩舎に入って半年後に、乗馬試験を受けて調教助手のライセンスを取得した。厩務員を兼ねた仕事なので、馬を調教しながら、飼《か》い葉《ば》の量や馬体の傷《いた》みなどを繰り返しチェックする毎日だった。

厩舎に入って3年目に、特別な馬との出会いがあった。とにかくパワーがあり、スピードも、これまでに経験してきた枠を超えていた。乗っていて「怖い」と感じた。「これが走る馬だ！」と思った。馬には個性がある。それぞれの馬の適性に合わせて調教しなければならないのだが、1頭の「特別な」馬が、彼の調教の基準になった。思ったように走らなかったり、乗り味が違ったりする馬は、早々に見切りをつけた。その裏には、「自分はできる人間だ」という思い上がりもあったようだ。

無理に強くしようとして、担当馬を「予後不良」にさせることもあった。競走馬における予後不良とは、安楽死のことである。脚部などの故障によって回復するのが困難な場合、この処置がとられる。とくに競馬場で死なせたときのショックは大きい。500キロもある馬を、なんとか馬運車《ばうんしゃ》に乗せて運んだのに、帰りは空《から》になった車に、たてがみと蹄鉄《ていてつ》など競馬道具一式だけを乗せて戻ってくる。馬と一緒に帰れないつらさは言葉にできないほどだった。このときは「自分が殺したようなものだ、こんな馬をつくってはいけない」と思った。馬のことを忘れるために、一時は、海、湖、川、山などの遊びへ気持ちが向かう日々を送った。そのうちに担当馬の故障にも、以前のような感情が湧《わ》かなくなっていた。

転機が訪れたのは、調教助手になって10年が過ぎるころだった。ホースマンとして「抜け殻」状態になっている自分を変えようと思った。まず、長年勤めた厩舎を辞め、新しい環境に身を置くことにした。そこで調教師試験を受けることを勧められた。だが本人は、あまり気持ちがのらなかった。当時の調教師には、調教師の息子や元ジョッキーが多かった。獣医師の資格があるわけでもなく、大学にも行っていない。しかも競馬に縁もゆかりもない者が、調教師になるのは容易ではなかった。

最初は断っていたが、何度もしつこく勧められて試験を受ける決心をした。すでに30歳を超えていたこともあり、受けるからにはと、寝食を忘れて猛勉強した。調教師試験では、第1次で筆記試験と身体検査、第2次で口頭試験と人物考査がある。筆記試験では競馬法規、馬学、獣医学、飼料学、血統、競馬の番組設定、馬具、海外競馬、労務問題など、競馬に関するあらゆることが問われる。これに合格すると、2次試験に進む。

1次試験には1回で合格したものの、2次の口頭試験で失敗を繰り返す。諦《あきら》めムードで臨んだ3年目、なんとか難関を突破した彼は、2001年、いよいよ角居厩舎を開業することになる。

第3章
調教師という仕事

栗東《りっとう》トレーニング・センターは、ＪＲＡ最初のトレーニング・センター（以下、トレセンと略）として昭和44年（１９６９年）に誕生した。それまで競走馬やスタッフは各競馬場に居住し、競走馬のトレーニングを行っていた。昭和30年代に入って競馬人気が高まると、競走馬の頭数が増加し、競馬場が手狭になってきた。また、競馬場周辺の市街地化が進んだことなどもあって、競走馬の育成・調教に特化した施設として建設された。

約１５０万平方メートルの敷地内には、馬場と厩舎《きゅうしゃ》のほかに住宅や馬事施設などがあり、現在は約５００世帯、計2千人ほどが居住している。１５０万平方メートルといわれても見当がつかないかもしれないが、皇居の広さが１１５万平方メートルほどである、といわれても、やっぱり実感が湧《わ》かないだろう。百聞は一見に如《し》かず、実際に行ってご自分の目で確かめていただきたい。このうちメインとなる調教コースは芝、ダート、ウッドチップ、ニューポリトラックの4種類、六つの周回コースと坂路《はんろ》コースからなり、それぞれの馬のコンディションに合わせた調教が行える。

そのほか1周50メートル、幅と水深ともに3メートルの円形プールが設けられている。水のなかだと競走馬の脚部に負担をかけることなく、心肺機能や筋肉のトレーニングができる。また足の立たないプールで泳ぐことには、背中や腰の筋肉がほぐれるストレッチ効果やストレス解消効果もあるらしい。トレセン内には競走馬の健康管理、傷病馬の診断や治療を行う診療所があり、レントゲンはもちろん、馬用のMRI装置など、さまざまな医療機器が備えられている。

調教師や調教助手、厩務員《きゅうむ》の拠点となる厩舎は125棟あり、一つの厩舎にだいたい20の馬房が設けられている。トレセン全体では約2千300馬房がある。これが各調教師に割り当てられる。仮に調教師が120人なら、一人の調教師に厩舎が1棟で、みんな仲良く20馬房ということになる。しかし調教師の数はだいたい90人余り。この90余人の調教師が、それぞれ自分の厩舎を運営している。

90×20だと1千800である。残りの馬房はどうするか？　各厩舎の経営状況や調教技術の評価によって割り振られる。たとえば新規開業の調教師への馬房の割り当ては少ない。角居厩舎の場合も、スタート時は12馬房だった。これが実績に応じて26とか30とかに増えていく。12頭の馬の管理からスタートした角居厩舎だが、それでも従業員は7人くらいは必要だ。ところが、彼のところには4人しか来なかった。不慣れな調教師ということで敬遠されたらしい。

トレセン内で割り当てられる馬房数とは別に、各厩舎が管理できる馬の数（預託契約の

栗東トレーニング・センター。敷地内には競走馬のための施設が立ち並ぶ

上限）が、馬房数の2・5倍（かつては3倍）と定められている。仮に馬房数20の厩舎なら、最大で50頭の馬を管理することができる。したがって、預かった馬のうち30頭はトレセン外で管理しなければならない。こうした馬の居場所が、外厩《がいきゅう》や育成牧場と呼ばれる施設で、多くはトレセンから車で1時間以内のところに設けられているが、なかには北海道や宮崎といった遠隔地もある。どうしてそんな遠いところに？　これには、ちゃんと理由がある。

馬にとって最もストレスが大きいのは競馬場で、逆にリラックスできるのは北海道などの育成牧場である。どの馬をどこで、どの程度休ませるか。少し様子を見たら、またレースに使いたいという馬は、トレセン近くの外厩で1～2

週間の短期放牧をして、調子を整えることが多い。できるだけ多くの馬を使おうと思えば、トレセン内の厩舎と外厩を効率よく利用する必要がある。まるでパズルのように、どの馬をどこにやって、ということを考えるのも調教師の仕事である。もちろん頻繁に外厩をまわって、預けている馬の様子をチェックすることも欠かせない。

角居厩舎では基本的に３回レースを走った馬は休ませるという方針をとっていた。いくら好調でも無理して走らせると故障につながる。また、１頭の馬を使いすぎると、休ませたときに一気にテンションが落ちてしまう。逆に長く休養しすぎると、今度は競馬に戻りたくないという気持ちが強くなってしまう。だから３回使って短期放牧というサイクルくらいが、競馬にとっては一番いいということになる。

しかし馬の状態によっては、中長期の放牧をして休ませる必要が生じる。レースでみじめな負け方をした馬などは、人間と同様に精神的に落ち込むことがあるらしく、そんなときは生まれ故郷である北海道の牧場でゆっくり休養させる。するとリラックスして、また元気になって戻ってくる。

休養馬や育成場の状態をチェックするためにも、定期的に牧場を訪れる必要がある。角居も現役時代には、土日の競馬が終わった週明けには北海道へ飛ぶことを習慣にしていた。そして2日のあいだに、車で方々の育成牧場をまわって馬の様子を見る。牧場のスタッフと相談しながら、どのレースをめどに馬を仕上げていくかを決める。レースが近づいた馬はトレセン内の厩舎に戻し、調整して出走、といった流れになる。

「チーム・スミイ」の馬づくり

角居厩舎の入り口には「TEAM SUMII」と書かれた横断幕のようなものが掲げてある。ロゴは馬の横顔だろうか。「SINCE 2001」の文字も見える。「馬づくりは人づくり」というのは角居の信念だ。調教師として大事なのは、任せるべきところは人に任せること。競馬の主役は馬やジョッキーや調教師だけではない。スタッフそれぞれが自分の仕事に責任をもてれば厩舎の底力は上がる。

平均的な厩舎の構成人員は12、3人といったところだろうか。このうち馬の手入れや馬房の掃除、餌《えさ》やり、馬の健康管理など、身近で馬の世話をする厩務員は、一つの厩舎に20馬房あるとすれば、一人で2頭を担当して10人。それに調教助手が2、3人。さらに外厩や育成牧場で働く人たちも重要なスタッフである。これらの人たちが一丸となって理想的な馬づくりをめざす。

スタッフをうまく活用していくのが、経営者でもある調教師の役目になる。角居厩舎の特徴の一つは、完全な分業制がとられていたことだ。通常は、それぞれの馬に担当者が割り当てられ、彼らは調教師の指示のもと、馬の寝床や食事の世話、手入れから道具の準備までをすべて一人で行う。このやり方のメリットは、一人が1頭の馬に専属で携わるため、体調のわずかな変化にも気づくことができるという点だ。また、馬への責任感も生まれる。一方で、担当者が馬の状態を都合のいいように解釈してしまうとか、自分が担当している馬以外に関心をもたないといった弊害もある。

角居厩舎では、ある時期から、所属する馬をスタッフ全員で管理する態勢に切り替えた。責任感やモチベーションを保つため、各自が担当する馬は一応決めるが、それまでは一人で行っていた作業をみんなで手分けしてやるようにした。馬房に藁《わら》を敷く係、馬の脚《あし》をチェックする係、ご飯を作る係、掃除をする係……というふうに分業化することで、一人ひとりがすべての馬に携われるようになる。そして毎朝、全員でミーティングを行い、各馬の食欲や馬糞《ばふん》の状態などから心身のコンディションを報告し、その日の調教の段取りなどを確認する。

こうした厩舎のスタッフは、いくつかの班に分けられている。業務班は出馬投票（出走するために必要な登録申請）、馬を輸送する馬運車《ばうんしゃ》の手配、レース選択など、競馬に関する業務を円滑に進めるのが主な仕事だ。飼い葉《かば》班は健康状態や成長過程など、各馬の状況に合わせた飼料の調合を行う。レース前はエネルギーが必要だから、パワーをつける高カロリーの調合をし、レース後は、筋肉を戻す栄養素を中心とした飼い葉にする、といった具合だ。

難しいのは調教班である。馬にも個性があり、人にも個性がある。人馬一体といわれるように、人と馬の相性がうまくいかないと結果が出ない。「馬が合う」とは、このあたりのことを言ったものだろう。馬の状態を確認するには乗ってみるのが一番だ。馬のバランスは毎日変わる。馬の軸がずれているときは結果が出にくいし、事故も起きやすい。そうした馬の「いま」を、五感を駆使して感じ取っていく。

さらに角居厩舎では、情報収集のために専門のスタッフを置いていた。所属する馬をどのレースに出すか。同じ競馬でも距離、芝とダート、右回りと左回りなどの違いがある。馬によって、やはり得意不得意があるらしい。またジョッキーとして誰を乗せるかなど、

チーム・スミイのシンボル(左)。一角獣の意匠は弟の康宏氏が考案した。厩舎では夜明け前からミーティングがはじまる(右)

レースに勝つために最善の選択をしたい。そのための情報収集は欠かせない。担当スタッフが集めた情報をもとに、調教師がエージェントやジョッキーと連絡をとって、次に狙《ねら》うレースを決めていく。こうしたやり方で、彼の厩舎は毎年リーディング上位を保ちつづけた。

厩舎の朝は早い。夏場で調教が午前5時にスタートする場合、スタッフが出勤するのは午前3時である。つまり調教の2時間前には集合して、それぞれの担当馬の状態を確認し、水やりや手入れをする。そのあと全体ミーティングで馬の様子が報告される。飼い葉を残していなかったか、ボロ（馬糞）の状態はどうだったか。食欲や目の表情など、多角的に各馬の体調が確認されていく。それからトレーニングの方法など調教の流れが詳細に決められていく。

先にも述べたように、トレセンには坂路やダートやウッドチップなど、いくつかのコースが設けられている。火曜日の調教では、馬場には入らず坂路主体で馬の様子を確認する。水曜日は前日と同じメニューのなかにウッドチップ・コースでの追い切りが入る……といった具合に、土日のレースに向けて馬を最高のコンディションにもっていけるように、細かくメニューを組んでいく。馬を運動させる時間は2時間（牝馬《ひんば》は1時間半）ほどだ。それから厩舎に戻り、馬を洗う。これが終わると2組目の調教に入る。曜日によっては、1組目と2組目のあいだに調教班や飼い葉班とのミーティングを挟むこともある。

すべての調教を終えて9時ごろ厩舎に戻ると、今度は事務スタッフと相談をしたり、海外遠征の調整をしたりする。また会計処理、ローテーションの考案といったデスクワークもこなす。馬主《うまぬし》への報告やマスコミ対応も調教師の仕事だ。さらに業務班とのミーティングもあり、ここでは出馬投票や輸送のための馬運車の手配、レース選択など業務上の打ち合わせをする。午後にはトレセン付近の育成牧場で休養馬のチェックをする……といった具合で、調教師時代の角居の1日、1週間は息つく暇もないほどの忙しさだった。

トレセンの厩舎には、中央部分にスタッフの寝泊まりするスペースがある。開業したばかりのころ、彼の厩舎で2、3頭の馬が立てつづけに怪我《けが》をしたことがあった。いずれも小さな怪我だったが、せっかく勝てる状態に仕上がっていた馬が、その週のレースに使えなくなったりした。馬にとってリズムを崩すことのデメリットは大きい。不安を抱えたまま家に帰るのも嫌《いや》だなと思い、角居は厩舎に住み込むようになった。目が覚めれば仕事場だし、馬の守《もり》をできるのはいい、と本人は思っていたようだ。

厩舎内には24時間、音楽が流れている。馬は音に敏感な動物である。ちょっとした物音でも暴れだしてしまう。北海道の生産牧場では、毎年10頭以上のサラブレッドが雷によって死ぬといわれている。雷の音と光に驚いて走りだし、柵などに激突して命を落とすのである。普通の厩舎では仕事が終わってスタッフがいなくなると音も消える。そんなときに飼い葉屋さんが来たりすると、馬が驚いて脚を痛めたり、落鉄《らくてつ》（蹄鉄《ていてつ》が外れること）したりすることがあるという。常に音楽が流れていれば、音に慣れているので急激な動きをしない。またリラックス効果も期待できる。

最後に、調教師時代の角居の「哲学」をいくつかご紹介しておこう。

○馬は自然とできてくるもの、つくり過ぎてはいけない。思い通りの馬をつくろうとするあまり、馬を故障させてしまうことがある。馬は人間の気持ちに応《こた》えようとして、100パーセントも120パーセントも頑張ろうとする動物だ。走り終えた瞬間に命を落とすくらい頑張ってしまう。だから、ぎりぎりまでやる必要はない。

○難しいのは「待つ」こと。馬のリズムに合わせる。たいてい人間のほうが待てなくなる。失敗しても仕掛けたくなる。そのほうが、馬のために何かしているという実感が得られて安心だから。待つことの難しさ。「馬のリズムに合うまで待て」

○馬は人間の手を借りないと生きていけない動物だが、決してペットではない。良血馬で何億円の価値があっても、ちょっとした人間のミスで全く価値のないものになってしまう。まさに〝生きている芸術品〟という感覚だ。大きなレースを制するには些細《ささい》なミスも許されない。それが厳しさでもあり魅力でもある。

○サラブレッドは競馬で走るためだけに生を享《う》けた動物だ。自分の生活空間は6畳から10畳未満の馬房のなかだけだ。そこを出れば、きついトレーニングとレースが待っている。だから馬にはやさしく、愛情をもって接すること。それが厩舎の仕事。調教師の役割。

写真＝小平尚典

第4章 体重500キロの草食獣

この章では、角居調教師の馬に対する考え方などを談話形式で紹介してみたい。できるだけご本人の語り口を再現したつもりだけれど、うまくいっているかな?

野生馬っていうのは、夜のあいだ20~30頭で群れをつくって歩きまわりながら眠るんです。明るくなって、まわりの景色がすべて見えるようになってから交代で横になって寝る。そのあいだも2頭くらいが常に見張りにあたっている。非常に警戒心が強いというか、臆病というか。

草食獣はみんなそうだけど、馬はとりわけ臆病な動物で、本当は危険な場所に自分から行くなんてことは好まない。何があるかわからない川のようなところには入っていかないし、狭くて閉じ込められるような場所にも決して行こうとしない。そういうところは死を意味するわけだから、本能的に自分からは行かないんです。だけど背中に乗っている人から指示を出されれば、その人のために頑張る。馬は人を背中に乗せることで生き延びてきた動物です。人間に使われることで種《しゅ》を永らえさせてきた。神から与えられた姿として、人を乗せなきゃならないような構造をもっているんですね。

馬には非常にデリケートな感情があって、やさしく接してもらった人には「この人のために」と思って川のなかにも入っていくし、戦場に駆り出されれば鉄砲の弾《たま》が飛び交うなかにも飛び込んでいくと思います。しかし恐怖による主従関係になると、自分が嫌《いや》だと感じたら死んでも進まないでしょうね。だから信頼関係が大事だし、愛情を込めて育てなければならない。競馬でも、人のために頑張ろうと思ったときの、ゴール前の最後のひと踏ん張りっていうのは、愛情を込めて育ててもらった馬のほうが間違いなく力を出すと思います。

競走馬の一番の魅力も、そのあたりじゃないですかね。つまり人との信頼関係が本当に構築されているかどうか。信頼を継続できる人には、馬は必ず答えを出してくれる。これで完成っていうのはなくて、ずっと人も馬もその答えを探しつづけるというのが非常に面白いし、素敵だなと思います。

馬も人間と同じで、やっぱり親の癖や性分は受け継いじゃうんですね。お父さんは年間100頭くらい種付けをするからよくわからないだろうけど、産み育てるお母さんの癖は、面白いくらい仔馬《こうま》に伝わる。生まれて半年くらいで離乳するんですが、その間の放牧地でのお母さんの行動が、仔馬のなかに残っていくみたいです。「あの馬の子なら、こういうことをすると思うから気をつけて」ってスタッフに言っておいたら、案の定やっているこ

ウオッカと角居調教師(2007年)

とが多いですね。

牡馬《ぼば》を扱う際には、まず「ボスはおれだぞ」と上下関係をはっきりさせることが大切です。そうしないと、だんだん言うことをきかなくなり、しまいには暴れだしてしまう。一方、牝馬《ひんば》は基本的にプライドが高いので、お嬢様扱いをしてあげる。「黙っておれの言うことをきけ」という厳しさだけでは、すぐに嫌われてしまう。馬も人間と同じように、男女によって元々の気性が違うんですね。

2007年に牝馬として64年ぶりに日本ダービーを制したウオッカの場合、当時、彼女を担当していたスタッフは、その気性について「ややツンツンしたお嬢様系」と話していました。だから扱い方には十分に気をつけなければならない。調教のあとで馬体の手入れをしているときに、噛《か》みつかれたり蹴《け》られたりすることがあるのですが、絶対に叱《しか》ったりせず、すべてを受け入れることが大切です。ウオッカの担当者は、スタッフのなかでも、とくにやさしくて温厚な性格でした。

「馬は感情の動物」といわれるほど、人の気持ちに敏感に反応します。日常に幸せを感じている人が馬を扱うと、自然とその気持ちが馬にうつり、走りにもあらわれてくる。いつもニコニコしている人の馬は不思議とよく走る。反対に、日ごろから腹を立てやすい人の馬は気性が荒くなる。優れた馬を育てようと思えば、育てる側の人間が優れた人格者でなければならないってことかもしれませんね。

馬にはレースの勝ち負けがわかっていると思います。野生動物のなかで、自分の優位性を示すのは、勝ったか負けたかということです。それは自分のポジションを守るために必要な能力なんです。競走馬の場合、その優位性をレースに勝つことで示す。まわりの雰囲気からも、勝ち負けは馬の心に映っていくと思います。

それまでずっと勝っていた馬が、一度負けてから勝てなくなる、自信を失っていくということがあるんです。とくにひどい負け方をすると、ずっと心の傷になって、なかなか勝てなくなる。そういうときは牧場へ帰すなどして、心身ともに休ませる必要があります。

馬もレースに勝って喜び、負けて落ち込むんですよ。レースに勝つと、だんだん自信が湧《わ》いてくる。いい意味でプライドになる。その分、人間にも威張ったりしますけどね。こうして立派な馬になっていく。

美しくも儚い動物

ぼくは高校を卒業して北海道のグランド牧場ってところに就職したんです。そこで母馬の世話をしたり、出産に立ち会ったり、仔馬の面倒をみたりしていました。働きはじめてまもないころ、競走馬として理想的な体躯《たいく》をもった牡馬が生まれたんです。みんなから「いいサラブレッドになるね」と期待されていました。しかし1歳になる前に、冬の放牧地にあった穴に足をとられ、脛骨《けいこつ》を折ってしまったんです。治療すれば骨折は治るものの、今後の走りに支障が出るほどの大怪我《けが》でした。結局、その馬は処分されてしまいました。

まあ、あっけないというか儚《はかな》い動物だなあって。人間なら骨折で命を絶たれることはありませんよね。このエピソードを高校時代の同級生に手紙で書いて送ったんです。折り返し彼は、「そういう残酷な世界で角居はずっと生きていくつもりか。そんな仕事は辞《や》めて、さっさと帰ってこい」と真面目に書いてよこしてきた。たしかに、そうなんですよ。でも一方で、そういう生き方しかできない動物なんだなと思いました。

どれほど恵まれた馬体をもって生まれてきても、速く走れなくなった馬は淘汰《とうた》されてしまう。サラブレッドが〝経済動物〟である以上、それは仕方のないことで、残酷な世界と言ってしまえば、その通りなんだけど、じゃあ残酷な世界に背を向けて、友だちが言うように郷里に帰ればいいのかっていうと、ぼくがいようといまいと馬の運命が変わるわけではなくて、あっけなく死んでいく馬はたくさん出てくるだろう。だったら自分は、この美しくも儚い動物をなんとか守っていきたい、っていう逆の考えになったんですね。

どうしたら馬を守ってやれるか。それを考えたとき、あらためて気がついたんです。サラブレッドを生かしつづけるには、速く走らせるしかない。サラブレッドは絶対に強くしなくちゃならない、負ける馬をつくっちゃいけない。では強い馬って、どういう馬なのか？　当時の常識では、とにかく気性の荒い馬同士をかけ合わせて、闘争心の強い馬をつくる。ぼくがいた生産牧場でも、そういう馬をつくろうとしていました。

そのころＪＲＡが、世界に通用する馬ということを言いはじめて、すでにジャパンカップ（１９８１年創設）もはじまっていたんです。そこで世界の馬と日本の馬の違いを目《ま》の当たりにするんですね。ある年のレースで圧勝した馬がいました。パドックでその馬を曳《ひ》いていたのは、なんとワンピースにハイヒールといういでたちの若い女性だった。日本の場合、パドックで馬を曳くのは、だいたい馬の世話をしている厩務《きゅうむ》員か調教助手ですから、彼女もそういう人だったのかもしれません。だとしたら、国際レースでぶっちぎりで勝つような強い馬を、ワンピースにハイヒールの女の人がつくったことになる。これはもう、すごいカルチャーショックでした。

強いけれどおとなしい、やさしい。そういう馬を自分もつくりたいと思いました。しかし自分がつくりたい馬と、調教師の指示でつくる馬は違っていたりする。もともと馬の世話をするのは好きだったので、その限りでは厩務員の仕事でもよかったのですが、自分がつくりたい馬と、仕事としてつくらなければならない馬とのギャップが次第に大きくなってきた。だったら自分が調教師になるしかない、調教師になりたいと思うようになりました。

調教師っていうのは、当時もいまも狭き門なんです。ＪＲＡでは厩舎《きゅうしゃ》の数が決まっているので、厩舎を運営する調教師の数も決まってくる。そのころは定年制がなかったので、引退する調教師の数に応じて調教師試験の合格者数も大きく増減していました。引退する先生がたくさんいれば比較的合格しやすいのですが、少なければ、ますます狭き門になる。

そんなこともあって、おまえみたいに、もともと馬との関係性が薄い人間が調教師になれるわけがないと言われました。たしかにぼくの場合、競馬と全く縁のない世界から、ただ馬が好きというだけで入ってきた人間でしたからね。一方、調教師試験のライバルは調教師の息子とか元騎手、あるいは大学を出て獣医師の資格をもった人たちです。彼らと同じ試験を受けて、狭き門をくぐろうとするわけだから、まわりが「角居、おまえとても無理だよ。いくら頑張っても受からないよ」って言うのも無理はないわけです。それが３年目に、たまたまというか運良くというか、合格して調教師になれたんです。


北海道の生産牧場での生活を通して芽生えた思いが出発点となって、調教師の世界に足を踏み入れたわけですけれど、いまから振り返ると、20年間の調教師時代は幸せだったなと思います。恵まれた環境のなかで、応援してくれる人たちもたくさんいました。

わりと滑りだしも順調だったのですが、やがてジレンマを感じるようになります。調教師になって５、６年経《た》ったころから、勝てる馬が一斉に出てくるようになったんです。なかに勝てない馬がいると、この子は自分の失敗によって勝てなかったんじゃないかと思うわけです。これは厩務員の時代から感じていたことですが、飼料の与え方だったり、調教メニューの失敗だったり、あるいはレースの選択が間違っていたり、要するに人間の側のミスで勝てない馬が出てくる。

ＪＲＡの規定では、３歳の夏までに１勝できないと登録抹消になってしまうんです。馬は２歳の夏から競馬に出るのですが、それから１年のあいだに１勝しないとＪＲＡから追い出されてしまう。そういう厳しい世界です。そこに人間のした管理ミスがからんで馬が怪我をする、あるいは体調を崩してしまう。すると立ち直るまでに２カ月から３カ月、骨折のような大きな怪我の場合は半年から１年くらい戻ってこられない。この子はもう中央競馬に戻ってこられないんだ、生き残れないんだ。そういう馬たちをなんとか救う道をつくらないと、自分はこの心苦しさを、ずっと抱えたまま生きていくことになるだろうと思ったんです。

そこで、馬たちのために何をしてあげられるのだろうと考えはじめて、競馬以外の馬文化にも目を向けるようになりました。障がい者乗馬のことを知ったのも、このころです。乗馬にリハビリ効果があることは昔から知られていて、実際に活用もされてきたようです。たしかに馬に乗ると、馬の動きに合わせて上下左右に身体《からだ》が動いて、いいリハビリになるんですね。平衡感覚が向上するし、体幹が鍛えられて姿勢が良くなる。姿勢が良くなれば呼吸がしやすくなって、身体の循環機能も高まっていく。

　また、馬は人間よりも体温が１度ほど高いので、触《さわ》ると温かく感じます。そういう動物に触れることで、筋肉の緊張がほぐれるとか、心身のリラックスが得られるとか、いろんな効果があることがわかっている。

　こうした障がい者乗馬や、のちにお話しするホースセラピーで使われる馬たちは、速く走ることを求められていないんです。むしろ動きが緩慢であればあるほど、おとなしければおとなしいほど〝優秀な馬〟ということになる。だから競馬で結果が出なかった馬たちにこそ、居場所があるんじゃないかと考えました。

　ところが日本の馬文化には、横のつながりがほとんどないんです。競馬と乗馬でさえもつながっていない。また乗馬のなかにも、ブリティッシュやウエスタンというスタイルの違いがあったりして、そういうバラバラなものを一つずつつないでいくことからはじめなければならない。それでも、たくさんの人たちの共感を得て、助けてもらったりしながら、なんとかサンクスホースデイズ、〝馬に感謝する日〟というイベントの開催にこぎつけました。

このイベントでは、競馬や乗馬、障がい者乗馬、ホースセラピーなど、言ってみれば日本の馬文化が一堂に会して、たくさんの人たちが馬と触れ合える機会を提供することができたと思います。本当に大勢の人たちが馬との触れ合いを楽しんでくれたし、ぼく自身が競馬の世界で競走馬ばかり見てきて、相手を負かすことに特化した馬をつくろうとしてきた。つまりスピードのことばかり考えてきたのですが、それだけではない馬の魅力といいますか、温かさ、やさしさ、表現力といった馬の秘めたパワーに、あらためて気づかせてもらった。その意味ではよかったと思います。

イベント自体は回を重ねるごとに認知度が増していき、成功しつつあるように見えました。でも3、4回目あたりから新たな葛藤が生まれてきました。イベントを開催するためのお金は、チャリティとして馬主《うまぬし》さんに出してもらっていたんです。馬主さんはお金持ちだから、毎回700万円くらい集まった。でも、そのお金はイベントごとに消えていく。継続的な活動をしていく資金までは残らないんです。

これはまずい、と思いましてね。何かかたちとして残していかないと、いずれ活動自体を継続させることができなくなるだろうって。イベントだけじゃなく、ちゃんとお金がまわって利潤を生むようなシステムを作っていかなくてはならない。そこで拠点となる事務局として、ホースコミュニティという団体を立ち上げました。法人化して、馬に関する幅広い活動を模索していこうと考えたんです。

馬がいる風景

おおまかなビジョンとして、馬のいる場所に人が集うということを考えました。子どもであれ、高齢者であれ、障がい者であれ、健常者であれ、みんなが集うことのできる場所をつくる。とくに障害のある人や高齢者は、長い距離を移動できません。だから身近なところに〝馬がいる風景〟をつくっていかないといけない。そういう場所がたくさんできれば、抹消される馬たちの居場所になるし、雇用も生み出せるだろう。そのために、行政とどう連携していくか、どういう収益構造がつくれるのか。一つのモデルが出来上がれば、あとにつづく人も出てくるだろうと思いました。

そこで三本柱というか、三つのやり方を考えました。一つは、引退した競走馬を扱いやすいようにするというものです。リトレーニングといって、再調教して乗馬用の乗りやすい馬にする。そうして乗馬クラブに引き取ってもらいやすくするんです。このアイデアに

岡山のサラブリトレーニング・ジャパン。競走馬を再調教し、セカンドキャリアにつなぐ

岡山県の乗馬クラブの代表の方が賛同してくれまして、サラブリトレーニング・ジャパンという団体を、岡山の吉備《きび》高原につくることができました。

もう一つは、引退した馬をみんなで支えようという活動。これはTCCジャパンという団体で、サラブレッド・コミュニティ・クラブといいます。賛同する人たちに会員になってもらい、その会費でファンクラブのように引退した競走馬を支える。淘汰《とうた》される馬たちを1頭でも救おうという取り組みです。

三つ目が、ホースコミュニティという団体です。トレーサビリティといって、引退した馬が最後どうなっていくのかを追跡調査する、いわば情報管理の団体です。この三つを立ち上げて、それぞれわりとうまくまわりはじめたんです。

ところが別の問題が出てきた。リトレーニングが軌道に乗って、引退した競走馬が乗馬クラブへ流れはじめたのですが、すると今度は、乗馬クラブで動きの悪かった馬たちが追い出される。つまりリトレーニングされて、扱いやすい、元気でリフレッシュされた馬たちによって、それまで乗馬クラブにいた馬たちが淘汰されるようになってきたんです。

たとえ競走馬から乗用馬への転用がうまくいっても、乗用馬を受け入れるキャパシティに大きな変化がないとなれば、屠畜《とちく》される馬が競走馬から乗用馬に代わっただけのこと。それは競馬界の問題を乗馬界の問題にすり替えている、責任転嫁しているだけじゃないかってことに気づいたんです。これはよくないと思って、馬が最後の余生を送る場所をつくろうということで、いま石川県の奥能登で取り組みをはじめたところです。

いろいろなやり方がありますが、その一つとして、乗馬クラブから来た馬をホースセラピーに使えないかということを考えています。ところが、ここにも問題があって、ホースセラピー業界は、やればやるほど儲《もう》からない、赤字になる世界なんです。それが大きなネックになって、思うようにホースセラピー用の馬を増やせない現状になっています。では、どうすればいいのか？

合理的に考えれば、馬の生産頭数そのものを減らせばいいじゃないかってことになる。そうすれば引退馬も減るんじゃないかと。毎年、生産される馬の数は、以前は7千頭といわれていたのですが、このところの馬人気の高まりで、8千頭を超えている。レースの数や勝てる馬の数など、競馬に必要な馬の数は決まっているから、それに見合った馬を生産すればいい。たしかに、一番簡単な方法かもしれません。でも、このやり方には大きな落とし穴があると思います。

いま日本の競馬は世界に通用しはじめているんです。ドバイでも勝つ、香港でも勝つ、アメリカでもオーストラリアでもサウジアラビアでも、さらに凱旋門賞《がいせんもん》をはじめとするヨーロッパの名門レースにも進出している。日本の馬が世界で勝てるようになってきているのは、8千頭を超える頭数に支えられているおかげかもしれない。そこから世界レベルのクオリティの馬たちが出てきているとしたら、生産制限をしてこれを狭めることで、世界に通用しなくなるという事態も考えられます。世界で勝てなくなった日本の競馬を見て楽しむファンが、果たしてどれだけいるだろうか？

サッカーでも野球でも、ワールドカップとかワールド・ベースボール・クラシックとか、世界に通用するからみんな夢中になって応援するわけでしょう。それこそコロナ禍のさなかでも、大声を出して応援したいというくらい、こうしたスポーツの人気は高まっている。競馬も同じだと思うんです。世界に通用しなくなった途端に人気が冷めてしまう。競馬そのものが衰退してしまう。一見、合理的に思える生産制限によって、肝心の競馬人気がなくなってしまえばなんにもならない。

これはあまり認識されていないことですが、競馬は競輪や競艇やオートレースとともに公営ギャンブル、つまり収益事業なんです。とくに競馬の場合は規模が大きいから、農林水産省の重要な財源になっている。そのお金は馬だけをたすけているわけではなくて、狂牛病だったり鳥インフルエンザだったり、何か農政上の問題が起こったときに役に立っているはずです。さらに、動物だけでなく、日本の農業自体が自立していないわけだから、そういうところにも競馬の収益金がまわっているかもしれない。いずれにしても、農政の重要な財源として競馬の収益があることに間違いはないでしょう。その背景に、今日の競馬人気による下支えがあるとすれば、安易に生産頭数を制限するのはどうかということになります。

だから結局は、競馬に使えない馬をどうするかということになる。この課題に取り組むうえで、ホースセラピーは大きなベースになると思っています。そこで、全国各地のホースセラピーを視察して情報を集めました。ホースセラピーを行っている団体は、わかる範囲で全国に50カ所くらいある。それらがいくつかの大きなグループに分かれていて、障がい者乗馬に特化したもの、パラリンピックを目指したりする競技寄りのもの、広義のホースセラピーとして活動するもの、学術的な研究を目的とするものと、大まかに四つくらいの種類がある。それぞれの団体が、自分たちのやり方で活動しているのが現状です。

いずれの団体にも共通しているのは、お金がない、人材がない、現場がない、すべてない、ということですね。とくにアニマルセラピーは、認知度がまだまだ低いということもあって、財政的な支援を受けにくい。営利的にやっても儲からないとわかっているから、誰もやろうとしない。また、セラピーを受けたいと思っても、どこで受けられるのかわからないし、勉強したい人は、どこで勉強すればいいかわからない。とにかく、どこから手を付けていいのか全くわからない状況です。

そこでまず、お金の問題ですが、これはやり方次第でなんとかなると思います。クラウドファンディングを利用するという方法もあるし、高齢者の福祉や地域創生、雇用の創出とか教育機会の提供とか、いろんな要素を組み込むことによって行政から支援を受けることが期待できる。そのための現場も、なんとかなると思います。馬を放牧する土地は、過疎化が進んでいるところを探せば見つかるかもしれないし、社会福祉法人などから、ここに現場があるので使ってくださいというオファーも何件かある。問題は、セラピーに使う

天理大学で講演する角居氏。この年から同大学でホースセラピーの取り組みがはじまった（2019年）

馬をどうするか、さらにセラピーを行う人材をどう確保するかということです。結局、馬と人の問題が残る。

とりわけホースセラピーを行える人材を育てることは喫緊の課題です。しかし、すでにホースセラピーを実施している団体は、自分たちがやっているものを習得してくれる人材を求めているのが現状です。すると、せっかく人が入ってきても、このやり方でやってくださいという取り込み方をしてしまうので、そこでセラピーの技術を習得した人は、他の団体へ移れないということになってしまう。

だからホースセラピーを包括的に学ぶための、学習機会を提供できる場所をつくらなければならない。実際、ホースセラピーを行うには、まず馬の習性や運動能力など、この動物のことを知らなければいけない。世話の仕方や、ある程度の乗馬技術も必要になってきます。もちろん医療的な知識もいるし、リハビリテーションの基礎知識、とりわけ理学療法や作業療法などは不可欠でしょう。

こういったことを習得したうえで、自分が創造したいホースセラピーの世界を模索し、考えることのできる場をつくろうと、いろいろな団体にお願いしましたが、8年近く働きかけても、ほとんど進展しなかった。そんななかで、今回ようやく、天理大学でやってみようということになったんです。

第5章
競走馬の余生をつくる

「ゲート試験」あるいは「ゲート審査」と呼ばれるものがある。正式な名称は「発走調教審査」という。2歳馬を対象として行われる審査で、JRAに所属している馬は、これに合格しなければ競走馬としてデビューできない。審査の内容は、文字通りゲートに入り、ゲートが開いた瞬間に飛び出して全力疾走するというものだ。これら一連のスタート動作をできるかどうかが審査される。

なかには怖がってゲートに入ろうとしない馬もいる。当然だろう。あんな狭いところに入るのは、馬にしてみれば相当な恐怖である。しかも競馬中継を見ていればわかるように、ファンファーレが鳴って、ゲートが開くまでにしばらく時間がある。そのあいだ馬は狭いゲートのなかでじっとしていなければならない。暴れたり、しゃがみ込んだりしたら失格である。ついにゲートが開く。立ち止まった状態からダッシュするための筋力や反射神経が要求される。こうした競走馬としての必要最低限のラインをクリアしているかどうかが審査される。

合格できなければレースに出ることはできない。馬にしてみれば結構なことで、なんの痛痒《つうよう》も感じないだろう。本当はレースなんて出たくないのである。だが、それでは済まない。合格できなかった馬は処分されてしまう可能性が高くなるのだ。なんて理不尽な。馬はもって生まれた習性や特性に従っただけなのに。

滋賀県栗東市《りっとう》の栗東トレーニング・センターから車で10分ほど走ったところにＴＣＣ（サラブレッド・コミュニティ・クラブ）セラピーパークがある。２０１９年にできたばかりの新しい施設だ。ＴＣＣジャパンという会社が運営している。外見はリゾートホテルといった感じで、なかなかおしゃれである。ところが、なかに入ると印象は一変する。喧《けん》噪《そう》。混沌《こんとん》。いったいどうなっているのか？　正体は子どもたちである。走りまわる。大声をあげる。それを追いかける大人たち。逃げまわる子どもたち。

どうしてこういうことになっているのか？　ＡＤＨＤ（注意欠如・多動症）など発達障害を抱えた子どもたち、特別支援学校に通っている子どもたちが、馬と触れ合うためにやって来ているのである。なるほど、これがホースセラピー、馬を介した療法か。その現場は、かなりにぎやか。とにかく人も馬も大変だ。

ところが、そんな子どもたちがひとたび馬に乗ってしまうと、たちまち静かになる。数分前まで騒々しかったのに、いまは背筋をピンと伸ばし、ちょっと誇らしげである。さながら騎乗の小さな紳士といったところ。再び、なるほど、これが馬の力か。

放課後等デイサービスの一環らしい。２０１５年にはじまったというから、取り組みの歴史はセラピーパークよりも古い。対象は６歳から18歳の就学児。学校が引けた子どもたちがやって来て、馬の世話、馬房《ばぼう》の掃除、曳《ひ》き馬や乗馬などの体験をする。そのためのスペース（馬場）が施設内に作られている。四角い馬場は屋外にあり、ちょっとした運動場くらいの広さだ。もう一つ、屋根のついた円形のものもある。いずれも地面にはウッドチップが敷かれている。就学児用のプログラムとは別に、２歳から６歳までの未就学児を対象とした児童発達支援のプログラムもあり、こちらは親子参加を原則としている。

ＴＣＣセラピーパークが行っている児童福祉活動は、「PONY KIDS」と呼ばれ、ホースセラピーを軸に据えている。そのため20人ほどのスタッフには、馬の世話をする厩務員《きゅうむ》のほか、理学療法士や作業療法士といった、機能訓練やホースセラピーを行う専門のスタッフを揃《そろ》えている。保育士の資格をもつ人もいる。

セラピーには小型のポニーのほかにサラブレッドも使われる。施設内には14の馬房があり、白い毛のポニーをはじめ、小型の馬が７頭ほどいる。同じ棟に設けられたサラブレッド用の馬房では、やはり７頭のサラブレッドが静かに飼い葉を食《は》んでいる。いずれも引退した競走馬だそうだ。彼ら（彼女たち）は、お父さんが有名なディープインパクトだった

写真＝小平尚典

屋根のある丸馬場では、雨天でも馬上プログラムが行われる。対象者に合わせて、ボールや旗などの道具を使う内容もある

ＴＣＣセラピーパーク。行き場のない引退競走馬の保護やホースセラピーを行うほか、定期的に一般公開もされている

り、過去に重賞を制した名馬だったりする。でも骨折などをして、いまはここにいる。何かに顔をぶつけて片目を摘出した馬もいる。この施設がなかったら、処分されていた可能性が高い。そう、セラピーパークのもう一つの役割は、走れなくなった馬たちの避難場所、シェルターなのである。

引退競走馬の受け皿としては、やはり乗馬クラブが中心で、日本の乗馬クラブに所属する馬のうち、約65パーセントがサラブレッドといわれている。しかし問題は、占有率よりも組織母体の大きさである。現在、日本の競馬人口は５００万人とも６００万人ともいわれ、４兆円規模の市場を形成している。一方、乗馬クラブの会員数は７万人程度で、これがおおよその乗馬人口と考えられる。数字だけを見ても、圧倒的に受け皿が足りないことは明らかだ。

間接的な数字しかあげられないのは、引退競走馬の行方が不明瞭だからだ。つまりリタイア後の転用先がわからない馬が多いのである。「引退した馬の行方を追ってはいけない」というタブーめいたものが、長く競馬界にはあった（いまもある？）らしい。だから角居たちの活動も、引退した馬のトレーサビリティ（追跡）を三本柱の一つに組み込んでいるのだろう。

ここＴＣＣセラピーパークは、引退した競走馬の面倒をみるという活動を、小規模ながら現実にかたちにしている。先にもふれたように、施設を運営しているのはＴＣＣジャパンという株式会社である。営利目的でやっているのではないにしても、角居が大切だと考える、お金がまわって利潤を生むようなシステムが構築されている。だから先進的なモデルケースとして、重要な役割を担っているのではないかと思う。

ここへ来た馬たちは、リトレーニングをしながらセカンドキャリアとしての行き場を探す。なかには乗馬クラブにセカンドキャリアを得る馬もいる。また、人を乗せることのできない馬は養老牧場などへ引き取られる。いずれにしても、引き受けた馬については最後まで面倒をみる。それを多くの人が、さまざまなかたちで支える。こうして人と引退した馬たちとのつながりが生まれていく。

たしかに救える馬の数は少ない。毎年７千頭から８千頭といわれる引退競走馬からすると微々たるものだ。でも１頭を救うことは７千頭を救うことにつながる。そんなふうに考えたい。

ところで、競走馬をセカンドキャリアにつなげるために必要不可欠なリトレーニングは、実際どのように行われるのだろうか。サラブレッドというのは、人間が長い年月をかけて、競走馬として速く走ることを目的につくり上げてきた動物である。仕様からしてF1マシンみたいなものだ。それを老人でも子どもでも乗れるようにしようというのだから、最初から無理がある。さらに相手は体重500キロの大型動物である。犬や猫を扱うようにはいかない。下手《へた》をすると扱う人のほうが大怪我《けが》をする。

日本の現状からすると、ちょっと意外だが、海外ではサラブレッドを乗用馬に転用することはあまり行われていない。乗馬には乗馬専用の馬が使われるのである。たとえば、馬場馬術や障害飛越《ひえつ》など競技用の馬として国際大会などでも使われるドイツ産ハノーバー種は、馬車用の馬にサラブレッドの血を導入することによって人間がつくり上げてきた馬だ。その性格は温厚で、持久力や俊敏性にすぐれているとされる。やはり乗馬用として好んで使われる品種、セルフランセなども同様である。

引退競走馬をリトレーニングしてセカンドキャリアにつなぐ取り組みは、まだ世界的にも少ないのだ。日本の馬世界がいかに競馬中心、サラブレッド偏重であるかがわかる。そのことを念頭に置いて、競走馬を乗用馬へ転用するためにJRAが作成したプログラムを見てみよう。

このプログラムでは、三つの重点項目が設けられている。第1ステップは馬を心身ともにリフレッシュさせること。そのための所要期間は2～4週間とされる。次に、人と馬の良好な関係を構築するという第2のステップがある。これに要する期間がやはり2～4週間。最後が、競走馬としての特殊な調教を初期化するという第3のステップで、こちらは4～8週間が目安とされる。すると基礎的なリトレーニングを終えるまでの期間は、2～4カ月ということになる。

ＪＲＡが取り組んでいるリトレーニングは北海道の日高育成牧場を拠点として行われている。引退したばかりの競走馬は、心身ともに張り詰めた状態にある。レース生活で疲れた馬たちの心身をケアするには、人里離れた静かな環境が好ましいのだろう。豊かな自然に囲まれた牧場でのんびり休養させながら、まずは馬たちを落ち着かせる。こうした休養は、その後の調教をスムースに行うための大切なプログラムと位置づけられている。

つづいて人と馬の良好な関係を構築するという第2段階に移る。この場合の「良好な関係」とは、馬が人を信頼して安心できるということである。野生の馬は群れで行動し、群れには必ず1頭のリーダーが存在する。草食動物である馬は、もともと安全で快適な場所

入厩したばかりで緊張する引退競走馬にマッサージを施す（2017年）

を好む。そうした場所を提供するのが、野生馬におけるリーダーの役割ということになる。これを人間が肩代わりする。だからやさしく、愛情をもって馬に接するとともに、人がリーダーとして馬をコントロールする必要がある。

そのために導入されているのが「グラウンドワーク」という手法である。これは人と馬が同じ地面に立って信頼関係をつくるコミュニケーション・メソッドで、引退競走馬のリトレーニングを安全かつ確実に進めるために有効とされる。たしかに、いきなり背中に跨《また》がってしまうと、馬のほうも「なんだ、なんだ」と動揺するかもしれない。また、最初から支配されているような気分になるかもしれない。馬の信頼を得るためには、彼らと対等な目線で、同じ地面に立って歩いてみることが大切なのだろう。

グラウンドワークによって人と馬との良好な関係を構築したあとは、いよいよ競走馬としての調教を初期化するという行程に進む。サラブレッドは、勝つための特殊な訓練によって、とにかく全力で走り、ほかの馬より前に出ることを教え込まれている。一般の乗馬やセラピーの場合、これでは具合が悪い。まず闘争心は必要ない。１秒でも速く走ることも、ひとまず忘れてもらいたい。かわって、止まること、のんびり歩くこと、むやみに興奮しないこと、落ち着いてライダーの求めるペースとバランスを維持することなどを学ばせる。

以上がＪＲＡの提案しているプログラムである。これ以外にも、さまざまなアプローチの仕方があるだろう。いずれにしてもポイントは、草食動物という馬の習性や特性を十分に理解し、それに適《かな》ったリトレーニングを施すということである。そもそも人が介在しなければ、彼らは仲間と安全なところで一日中、草を食べていたい動物なのだ。肉食獣などの危険が迫ったときだけ、必要にかられて全力疾走する。おそらく競争心や闘争心も人間が植えつけたものだろう。本来は臆病で慎重な動物と考えられる。

こうして見てくると、馬はもともと競馬よりも、一般の乗馬やセラピーに向いているような気がしてくる。リトレーニングとは、走ることに明け暮れてきたサラブレッドを、本来の野生馬の姿に戻してやることとも言えるだろう。

馬たちのセカンドキャリア

2016年に角居が発起人となって立ち上げた認定NPO法人「サラブリトレーニング・ジャパン」は、馬主《うまぬし》や調教師をはじめ、乗馬クラブ、牧場が協力して引退後の競走馬のリトレーニングを行いながら、馬たちのセカンドキャリアを構築していこうという団体だ。現在は岡山県の吉備《きび》高原にある乗馬クラブの協力を得て、約6カ月のあいだ再調教する一方で、新たな活躍の場所を探して、馬とのマッチングを行っている。

だが問題はある。先ほども述べたように、受け皿があまりにも小さいことだ。引退競走馬のセカンドキャリアとしては、種牡馬《しゅぼば》や繁殖牝馬《ひんば》を除くと、いまのところ乗馬クラブがほとんどである。そして乗馬クラブで必要とされる馬の数は限られている。だから馬主が乗用馬への転用を望んだとしても、希望通りにいくかどうかわからない。

馬は6歳ごろまで骨が成長過程にあるといわれる。中央競馬の馬は3歳までに1勝できないと登録を抹消されてしまう。当然、早くから競走馬としてのトレーニングを積んでいる。成長過程の肉体を酷使することは、馬の身体《からだ》に痛みや骨の変形など、さまざまな障害をもたらす。こうした馬は、リトレーニングの前に治療してやらなければならない。あまりにお金のかかる馬は、最初からはじかれてしまう可能性が高い。運よくリトレーニングへ進むことができたとしても、途中で多額の治療費が発生するようになれば、やはり調教を断念されて屠畜《とちく》にまわされるかもしれない。

こうしてみると、馬という生き物は最初から最後まで、人間に生殺与奪《せいさつよだつ》の権を握られている動物なのだと感じる。とくにサラブレッドの命は本当に儚《はかな》い。ほんのちょっとしたことが生死の分かれ目になる。彼らが人と一緒に生きることを選んだのは、果たして正しい選択だったのだろうか？　最初のうちは正解だったのかもしれないが、その後の歴史のなかで、人と馬の関係はずいぶん歪《ゆが》んだ、残酷なものになっているのではないだろうか。

こうした歪みを改善する有効な方法は、乗馬以外にも、引退した馬たちの受け皿をできるだけたくさんつくることだろう。その一つが、角居たちが取り組もうとしているホースセラピーである。また、馬たちが次のステージへ進むまで静養したり、待機したりできるＴＣＣセラピーパークのような場所も必要になってくる。だが、それで終わりではない。リトレーニングによってめでたく競走馬たちのセカンドキャリアが得られたとしよう。

それは乗馬クラブかもしれない、あるいはホースセラピーかもしれない。だが生き物である以上、いつか馬たちは死ぬ。その寿命は30年くらいといわれている。人間に比べるとずいぶん短い。彼らはどこで、どんなふうに最期のときを迎えるのだろう。乗馬クラブやホースセラピーの現場に、彼らが安らかに死んでいける場所はあるのだろうか?

これが現在、角居たちが奥能登で取り組んでいる課題である。つまり、引退競走馬たちの終《つい》の棲家《すみか》をつくること。道はまだ途上で先は長い。これはどうしても、奥能登へ出かけてみる必要がありそうだ。その前にひと息入れて、わたしたちの気楽な対談をお楽しみいただこう。

第6章
名伯楽と小説家

片山　現在も野生の馬っているんですか？

角居　本当の野生馬は、もう地球上にほとんどいないと思います。ただ、野良馬ならアイルランドなどにはいますね。かなり凶暴になっているらしいんですけど。日本は圧倒的にサラブレッドが多く、ほぼほぼサラブレッドの世界と言ってもいいんです。

片山　海外だと事情は違うんですか？

角居　それはもう、サラブレッドだけではなくて、乗馬用の馬とか、セラピーのための馬とか、多くの種類がありますから。

片山　人と馬の関係は、最初はやっぱり食用だったんですかね？

角居　最初は肉として食べていたんだと思います。だけど、なんか妙に人に懐《なつ》いてくれる。調教すればいろんな働きができるということで、食べるよりも一緒にいる、ともに暮らすという共生の道を選ぶようになったんだと思います。また、物を運ぶとか土地を耕すとか、人間の仕事をさせても優秀な動物じゃないかってことに気づいた。さらに人が馬に乗る、つまり乗馬ってことが発明されると、人馬一体となって戦争兵器になっていった。

片山　たしかに、それまでの歩兵からすると、天と地がひっくり返るような、全く新しいスタイルの兵器ですからね。それによって軍隊が一気に狂暴化したってこともあるかもしれない。

角居　そのあたりから、馬の改良は一段と加速するんですよ。

片山　農耕がはじまったのは、現在のイラクからイランにかけての一帯だったといわれています。チグリス・ユーフラテス川流域の、いわゆる「肥沃《ひよく》な三日月地帯」ですね。ここに人々が集まってきた。なぜかというと、地球が寒冷期を迎えて植物や動物の生育域が縮小していったからです。人は増えるけれど、食べ物は限られているので争いが起こる。最古の戦争、部族間の戦争は、このあたりで起こったらしい。暴力の痕跡《こんせき》を残した人骨や、棍棒《こんぼう》や短剣などの武器が遺跡から発掘されているそうです。1万年ほど前というから、戦争にも長い歴史があるんですね。

もちろん戦争ばかりしていたわけじゃなくて、食糧増産の方法として農耕が発明される。農耕というのは、別の言い方をすると栽培化ということですが、けっこう大変だったようです。たとえば野生種の小麦の場合、種はばらばらになって四方へ飛び散ったほうが子孫を効率的に増やすことができる。でも小麦を食べようと思っている人間のほうは、収穫前に種が飛散してしまっては困るわけです。そこで飛び散らないものだけを選別していく。これが栽培化で、野生種から栽培種を得るのに1千年くらいかかったと推定されています。

動物の場合は交配があるから、これほどはかからなかったかもしれないけれど、やはり野生の馬や牛や羊を飼い慣らして家畜にしていくには、相当の時間がかかったでしょうね。

角居　大昔の馬は湿地帯にも棲《す》むことができたので、足は3本指だったんです。それが、だんだん湿地帯よりも環境のいい草原地帯に移り棲むようになる。この過程で指が1本になったと考えられています。ところが、草原には天敵である肉食動物がたくさんいるので、肉食動物に襲われないためには、人間のそばにいるのがいいってことになったんだと思います。

片山　いわゆる、ウィンウィンの関係ですね。

角居　もともと適応力のある動物だったんでしょうね。だから人が課す環境や労働にも適応することができた。しかも大型化できる動物だったので、物を運ぶとか人を運ぶといった役割をどんどん担わされるようになった。その過程で、人間のほうも馬を改良していったのだと思います。

片山　角居さんにとって、馬ってどういう動物ですか？　どういう存在っていうか。

角居　出会ったときには、とにかく儚《はかな》い存在だな、その死からして儚い動物だなって感じでしたね。一方で、キラキラしたところで高価なお金も生み出す。それから、競馬ファンをはじめとして多くの人々に興奮や喜びを与える存在でもある。ぼく自身が馬に携わることで、お金と名誉を与えてもらったという恩もあります。もともと親元から離れるために選んだ手段だったのに、いろんな場面で脚光を浴びさせてもらって、そのことへの恩返しというか、課題が残っているなあって……。

片山　馬の世話をしていると、1頭1頭に愛着が湧《わ》いてくるものなんですか？

角居　そうですね。それぞれ性格が違いますから。言うことをきく馬とか、きかない馬とか。でも言うことをきかない馬のほうが、いい成績を出したりするという不思議なところもある。

片山　角居さん自身の好き嫌いみたいなのもありますか、馬に対して。この馬は、ちょっと苦手みたいな。

角居　それはあります。性格的なものももちろんあるけれど、ぼく自身は長い距離を走る馬が好きとか、そういうこともある。

片山　非常に繊細な動物とおっしゃっていますが、どういうところに繊細さや感受性の豊かさみたいなものを感じますか？

角居　やっぱり人の扱い方ひとつで馬の性格も変わるし、体調も変わる。精神的な病気みたいなのもあるらしいんです。

片山　馬も心を病むんですかね。

角居　心を病むと言っていいかどうかわからないけれど、馬って圧倒的に腹痛で死ぬんです。免疫機能が弱くなって消化不良を起こすらしいのですが、多くの場合、ストレスが原因だろうと考えられます。競走馬の9割は胃潰瘍《いかいよう》だといわれるくらい、過酷な環境で生きていますから。

片山　やっぱりレースの緊張やプレッシャーですか？

角居　そうですね。競馬に勝つためのトレーニングもあるし、それから飼料の問題もある。もともと馬というのは24時間、ずっと胃酸が出ている動物なんです。なにしろ1日15時間くらい食べていますからね、自然の環境では。短い草も食べるし、笹《ささ》も食べる。だから馬を放牧しておくと、きれいな草原になるんです。そういう馬に（草などの代わりに）高カロリーの飼料を与えて、胃の中がからっぽの状態が15時間以上もあるもんだから、大半の競走馬が胃潰瘍になる。

片山　ぼくなんかは馬に対して、もっとのんびりしたイメージを持っていました。「馬耳東風」とか「馬の耳に念仏」とか、馬にまつわる慣用表現って、よく言えば泰然としている。悪く言うと、頭が悪そうっていうか。

角居　それは草食獣としての習性から来ているのかもしれません。いま挙げられた慣用表現にしても、要するに馬の〝忘れっぽさ〟を言っているわけです。これは馬が生きてきた環境からすると、理に適《かな》っていると思います。野生では肉食獣に襲われる危険性が高いわけでしょう。なんとか逃げ延びても、そのときの恐怖を引きずっていたら生きていけない。

片山　なるほど。頭が悪いわけじゃなくて、生きるための知恵なんだ。

角居　あと、草食獣で面白いのは、肉食獣からうまく逃げきるやつがモテるってことです。子孫を残す可能性が高いから。

片山　わかりやすい社会ですね。馬じゃなくてよかった。

角居　競馬でいうところの、最後尾から〝差す〟（追い抜く）というのも野生ではあり得ない。〝逃げ馬〟が馬の本性だから。

片山　人間が我慢させるわけですね。でも馬の気持ちとしては、かなり無理をしているっていうか、焦っているはずですよね。後ろから肉食獣が迫ってきて、必死に逃げるための走力だから。人が馬をコントロールして、本来の野生とは別のものを引き出すところも競馬の面白さなんでしょうね。

角居　そうですね。そもそもサラブレッドという種が、完全に人間がつくり上げたものですからね。野生では生きていけない。人間が世話をしつづけなければ生きていけない。とにかく走ることに特化して品種改良が進められてきたので、足が細くて非力。スピードはあるけれど、それほど力があるわけではないし、傾斜地で過ごすのも得意じゃない。

片山　人間がつくり上げた最高の芸術品って言う人もいますね。

角居　サラブレッドに限らず、現在まで生き残っている馬は、多かれ少なかれ人間がつくってきた面がありますが、とりわけサラブレッドの場合は、人間が交配をコントロールして、芸術品といわれるような馬をつくり上げてきた。

片山　姿かたちからして美しいですもんね。適切な喩《たと》えではないかもしれないけれど、日本刀などでも、いかにも切れそうだなという刀は見た目も美しい。

角居　サラブレッドの美しさの一つに、皮膚が薄いということがあると思います。それも、速く走るためには発汗して熱を放出できるほうがいいってことなんです。もともと馬は汗かきですが、そのなかで遺伝的に皮膚の薄い馬が残っていくことになったのでしょう。

片山　たしかに毛がふさふさしていたら、あの筋肉の盛り上がりも表に出てこないから、サラブレッド独特の美しさはなくなるかもしれませんね。

角居　でも皮膚が薄くなったことから、皮膚の一部である蹄《ひづめ》も薄くなってしまった。だからサラブレッドの場合、蹄を保護するために蹄鉄《ていてつ》を打つ必要がある。だいたい月に1回打ち替えるんですが、そのたびに2万円くらいかかる。このように、生きていくだけでお金のかかる動物を人間がつくってしまった。

片山　サラブレッドというのは、ほかの種類と比べて体格的にも大きいんですか？

角居　飛びぬけて大きいってことはないけれど、馬のなかでは大きいほうですね。ヨーロッパなど海外に行けば、もっと大きな馬がたくさんいますが、日本の在来種のなかに大きな馬はいなかった。現在のようにサラブレッドが増えたきっかけは、戦争だったと思います。とくに日清・日露戦争のときに、日本の軍馬が諸外国の馬より劣っていることが明らかになった。それで馬匹《ばひつ》改良計画みたいなものが立案・実行されることになったんです。

片山　それは馬を大きくするってことですか？

角居　要するに、戦場で疲弊《ひへい》しない馬ってことですね。太平洋戦争のときには軍馬を強くしようということで、日本にいた在来種の馬たちを殺してしまったという悲劇の歴史がある。かけ合わせて馬が小さくなると困るので、体高140センチを切る馬は淘汰《とうた》されたんです。そのなかで例外的に、馬をかわいがっていた人たちが、北海道とか木曽《きそ》とか宮古《みやこ》島とか、島や山奥などに隠したんです。そうした馬が辛《から》うじて残っている。馬好きの人が隠した馬たちが、在来種として残ったんです。

片山　じゃあ日本の在来種っていうのは、比較的小さな馬なんですね。

角居　戦国時代に甲冑《かっちゅう》を着て、いまのサラブレッドくらいの大きさの馬に乗ろうと思ったら、たぶん誰も鞍《くら》まで持ち上げられなかったと思います。鎧《よろい》や刀だけでも相当の重さになるので、馬上に乗せられない。そのころは大型といっても、たぶん140センチあったかなかったかでしょう。

片山　サラブレッドの体高は何センチくらいですか？

角居　160センチくらいが平均ですかね。160センチの上に人間の座高が加わるので、だいたい目線の高さは250センチくらいになる。

片山　やっぱり、ちょっと怖い感じですね。

角居　でも乗れるようになると、そのことが自己肯定感や優越感につながって、たとえば不登校や自閉症の子どもたちが元気になる。生きるエネルギーをもらえるというか。そういうところにも、馬のパワーや魅力を感じます。

馬は人のやさしさを見る

片山　マルティン・ブーバーっていう哲学者がいます。彼が書き残している子どものころのエピソードが面白いんです。少年のころ、かわいがっている馬と至福のひと時をもったそうです。次の日に会いに行くと、やはり非常に親密な感じになって、言葉にできないような体験をした。そのことを友だちに話すと、翌日は馬が全く目を合わせようとしなかった。そういうところが馬にはあるんでしょうね。

角居　あると思います。いまのお話の場合、馬と少年との秘密のやりとりを羨《うらや》ましがった友だちが、ひょっとして自分もその馬に同じことをしようとしたのかもしれませんね。それがトラウマになった馬のほうは、もう最初の少年との約束を守りたくなくなったというか、彼のことを信用しなくなった、そういうこともあるかもしれない。でも心に傷を負った馬を、もう一度、元に戻すという調教もあるんです。そのやりとりの面白さというか、言葉をもたないはずなのに、医師と患者の関係と同じようなコミュニケーションがとれる。

片山　非常に繊細っていうか、感受性の豊かな動物なんでしょうね。

角居　そうですね。こちらの目線を動かすだけで、馬はそっちへ動いてくれるし、あえて反対に行くこともある。とても理解力が高いし、人間が喜ぶのを馬も感じている。逆に言えば、感受性の強い馬だけが生き残ったのかもしれない。

片山　馬は人間のどういうところを見ているんでしょうか。何を最も重視しているんでしょう？

角居　やっぱり、素直でやさしいというところを見ているんじゃないですかね。なんだか人の心を見透《す》かしている感じはしますね。人間のほうがひねくれていると、なかなか言うことをきいてくれない。いくら口でやさしく話しかけても、自分を虐待しそうな気配を感じると、すっと離れてしまう。

片山　人間の意図というか、意思的にやれる範囲を超えたところもあるわけですね。

角居　なんか感じ取っているなあっていう気がすごくします。

片山　馬の前でだけ、いい人になろうとしても見透かされてしまう。ある意味、怖い動物だなあ。

角居　どうしてこの馬は、あいつには懐かないのかなっていうところがあるんです。直接本人にどう思うかとは聞けないし、こっちも「こういうことじゃないかな」と思っていても、なかなか言えないんですが、馬を通して見えることは結構ありますね。
片山　馬と人との相性みたいなものは？
角居　もちろん、ありますす。気に入らないやつは落としてやる、怪我《けが》をさせてやると思っているふしがある。やっぱり気性の荒い馬と気の強い人というのは喧嘩《けんか》してしまうので、気性の荒い馬には、やさしくて少し気の弱いくらいの人をあてがうと、すごくうまくいったりする。逆に、気性が穏やかでやさしい馬には、ちゃんと指導する人のほうが合う。
片山　厩舎《きゅうしゃ》を経営されていたときには、馬と世話をする人の相性なんかも考えて担当を決められたりしていたんですか？
角居　まあ15、6人のスタッフなので、それほど選択の余地はないんですけどね。そのころ管理できる馬の頭数は、最大30頭って決められていたんです。トレーニング・センターのなかで、30の馬房《ばぼう》を使って馬をトレーニングできる。その外枠には、管理していい頭数に馬房の数の2・5倍という制限があって、ぼくは最大75頭くらいまで管理できたんです。馬は、トレーニング・センターのなかに入れておかないと競馬に使えないというルールなので、出し入れのたびに、この馬とこのスタッフは合うだろうなあとか、そういうマッチングを考えたりはしましたね。

ただ基本的に、結果が出ているときは、馬とスタッフの相性がいいってことになる。馬の担当厩務員《きゅうむ》は、賞金の５パーセントをもらえるルールになっていましてね。いまは賞金額が1億円を超えるレースが山ほどあって、担当している馬が1億円を稼ぐと、そのスタッフにも５００万円入る。それを雇い主のほうが勝手に、おまえは嫌いだから担当を変えるということは、労働組合の規定で一応できないことになっている。馬は担当者の資産でもあるので、結果が出ているうちは基本的に担当を変えないようにしていましたが、本当は、この馬にはあのスタッフが合うけどなあ、っていうのはありましたね。

片山　相性が合うと、能力がさらに発現されるようなことがあるんですか？

角居　ありますね。担当者が変わると、いきなりレース内容や結果が変わったりする。

片山　馬の出し入れというのは結構、頻繁にされていたんですか。厩舎の30頭の馬と、外《がい》厩《きゅう》っていうんですか、外でキープしている馬との入れ替えは。

角居　ぼくのところは、だいたい1カ月半から2カ月のあいだに、目標とするレースに3回使って、そのあと休みを入れるというプログラムにしていました。1カ月半使って2カ月休養というローテーションになります。

片山　すると4カ月くらいのスパンになりますか。

角居　そうですね。3カ月から4カ月、1年に3回、3セットみたいなプログラムです。だいたい6頭から7頭をセットにして、入れ替えを繰り返していました。そうすれば馬は傷《いた》まないし、競馬でずっと安定した成績を残してくれる。成績が波打たないように、右肩上がりになるようなプログラムを1回作って、それでずっとまわすというかたちです。システムがある程度出来上がれば、ぼくがいなくても全体がまわるんです。

片山　トレーニング・センターの外で馬の面倒をみてくれる牧場は決めてあるんですか？

角居　いまは日本全国に育成牧場がたくさんあって、結果を出せるところは人気があるので、取り合いになるんです。

片山　やはり栗東《りっとう》の近くが多いんでしょうね。

角居　そうですね。栗東のすぐそばに「ノーザンファームしがらき」という、いま人気の育成トレーニング・センターがあります。ほかに琵琶湖の北側にもありますかね。そうした育成牧場の取り合いと、そこで世話をしてくれるスタッフの取り合いになる。なにしろレースの結果に直結してしまうので。

片山　関東競馬の場合は美浦《みほ》にトレーニング・センターありますね。あの周辺にも育成牧場があるんですか？

角居　いまなら福島にある「ノーザンファーム天栄《てんえい》」というトレーニング・センターが一番人気で、そこから帰ってくる馬がG1をたくさん取るという現象が起きていて、そこの取り合いになっている印象ですね。

片山　角居さんが調教師をしていたころ、目標みたいなものはありましたか？　たとえば年間に重賞をいくつとるとか。

角居　それは決めていました。角居厩舎の年間目標は毎年「400走、60勝」。勝ち星は、おおむね出走数に比例しますから、いかに400走に届かせるかということです。そのためには、プログラム通りに短期放牧を行って、スムースに馬を回転させる必要がある。

片山　だいたい目標は達成していたんですか？

角居　いいえ、全然。2011年に中央競馬で59勝、ヴィクトワールピサのドバイ・ワールドカップを合わせて60勝を達成したことはありますが、400走というのは、とうとう一度も達成できなかった。

片山　難しいものなんですね。

角居　目標に近づけるためには、いかに人間サイドのミスを減らすか。そのためには緊密なチームプレーが必要になります。

片山　2021年に調教師を早期引退されるわけですが、これは前々から考えておられたことなんですか？　定年を待たずに、このくらいの時期になったら、もう引退しようと。

角居　一つの要因として、ぼくが調教師になって厩舎経営がうまくいくようになったころから、金沢にいる両親の体調が悪化していったことがあります。それでも、祖母がつくった輪島にある布教所の月次祭《つきなみさい》（天理教の月ごとの祭典）には、両親が車を運転して通っていました。

片山　金沢から輪島までだと大変ですね。

角居　100キロちょっとだから、2時間余りですが、かなり危なっかしい運転をしていることがわかってきて、これはなんとかしなきゃと思ったんです。調教師というのは、基本的に個人事業主なので、休もうと思えばわりと自由に休める。土日はレースがあるので競馬場へ行かなければならないのですが、それ以外の日で天理教の祭典があるときなどは、車に両親を乗せて、輪島の布教所へ通うようになったんです。

片山　角居さんにとって、おばあさんがつくられた輪島の布教所というのは、やっぱり馴《な》染《じ》みのある場所なんですか？

角居　ええ。小さいときから祖母に連れられて行った懐かしい場所です。ところが過疎化の問題などもあって、近年は信者さんが減ってきた。すると、布教所としてやらなければならない御用などが十分にできなくなって、ぼくなりに、ちょっと心苦しさを感じていました。ただ、調教師を辞《や》めることは、その時点ではまだ考えていなかったですね。

片山　２０１８年に一応のアナウンスというか、３年後に厩舎を解散しますと公にされますよね。だいたい、そのころに決められたのですか？

角居　それ以前から、調教師の仕事に壁を感じていたということはありますね。競馬界というところは、不思議なシステムになっていまして、先ほども言ったように、調教師は個人事業主ですが、経営者であるにもかかわらず、自分の厩舎で働く従業員を決めることができないんです。一応、競馬学校を卒業した人をＪＲＡが承認して、その人たちが各厩舎へ配属される仕組みになっている。スタッフが足りなくなったときは欠員募集を出すのですが、調教師会と厩務員組合でつくる人事委員会で決められた人がやって来る。だから自分が育てたい人というよりは、向こうから人材が来るという感じで、そこは思い通りにならないというか、やっぱり限界を感じていましたね。

片山　角居さんの厩舎は、16人くらいのスタッフで運営されていたとお聞きしています。

その人たちの人選にもタッチできないということですか？

角居　そうですね。成績が出ているということは、経営が安定していると見なされるので、どちらかというと経営が不安定なところに優秀な人材をまわすという人事がなされるんです。ぼくのところには、行き先のない人たちが集まってくるという不思議な現象が起こって、この人たちは気性の荒い危ない馬には乗せられないなあっていうことにもなる。

片山　調教師としていい成績を挙げると、賞金もたくさん入ってきて、めでたし、めでたしということではないんですね。

角居　レースに勝って厩舎経営が軌道に乗ってくれば、馬主《うまぬし》さんや生産牧場のほうでも、いい馬を準備してくれる。そういうベースができてくるんです。いい馬が来るということは、２年後の成績につながるので、そこでいいレースをすれば、その年に生まれた優秀な仔馬《こうま》を準備してもらえる――。という具合に、３年間きっちり成績を積み重ねていけば、以降は馬たちがまわりはじめて、厩舎経営にも安定感が出てくるんです。

片山　３年サイクルなんですね。

角居　ただ、大きなレースに勝てば勝つほど、当然のことながら馬主さんの期待値も上がる。５月のダービーに勝ったら、次は11月のジャパンカップとか、12月の有馬《ありま》記念とか、来《きた》るべきレースへの馬主さんの期待が高まってくる。レース選択も、最初は調教師がやっていたのが、だんだん馬主さんがやりだす。騎手の選択にも口を出すようになって、次のレースには誰を乗せろとか、どんな調教をしているのかとか、チェックが入りはじめる。まあ、馬主さんもいろいろで、結果が出れば出るほど、こちらに任せてくれる馬主さんもいれば、逆に、一から十まで指示を出してくる馬主さんもいる。向こうからジョッキーをリクエストして、「武豊《たけゆたか》じゃないのか？　なんで乗ってくれないんだ」って、そんなことは本人に聞いてくださいって言いたくなるんですけどね。

片山　武豊さんの話が出ましたけれど、やっぱりジョッキーによってレース内容とか違ってくるものなんですか？

角居　レースに勝ったあとで聞くと、「ぼくはただ乗っているだけでした」と言うジョッキーが多いんです。馬のほうがジョッキーの意図を汲《く》み取って動いてくれる。調子のいい馬、調教がうまくいった馬というのは、得てしてそういうものです。もちろんジョッキーとの相性もありますけどね。いいジョッキーというのは、たとえば武豊さんみたいなトップライダーになると、そうでない馬でも勝たせられる。そこはやっぱりジョッキーの力だという気がします。

馬の余生を守る取り組み

片山　２０１３年にホースコミュニティという一般財団法人を立ち上げて、16年から本格的に引退馬の支援活動に乗りだされます。その前には、サンクスホースデイズというイベントを何年かつづけられますが、こうした一連の活動に対する圧力というか、ちょっとそれは困るみたいなことはなかったんですか？

角居　それはもう、いっぱいありました。やっぱり、そういう闇の部分に光を当てられるのは都合が悪いってことでしょう。トップに近い成績を残していたから潰《つぶ》されなかったんだろうなとは思います。

片山　引退した馬のその後は追ってはいけないっていう、タブーみたいなものがあるんですか？

角居　いまはアニマル・ウェルフェアとか、アニマル・ライツといった考え方が世界的に広まってきて、犬や猫などのペットをはじめ、人間とともに暮らす動物を守ってあげなければという風潮が強くなっています。農林水産省なども指針を作ろうとしていて、家畜を快適な環境下で飼養することによってストレスや疾病を減らすことが重要だ、みたいな考え方も少しずつ出てきている。当然、競馬界もこうした流れは無視できないでしょう。

あと「ウマ娘《むすめ》」というゲームアプリがあるでしょう？　ナイスネイチャとか昔の大活躍した馬たちを女の子にして、アニメ化して競馬場を走らせるみたいな。これが大ヒットして、子どもや若い人たちの引退馬に対する関心が高くなってきている。引退した馬の支援を募ったら、ずいぶんお金が集まったそうです。「ウマ娘」がきっかけで、おじいちゃんの世代の現役競走馬の話を、たとえば中学生の孫とできるみたいな、不思議な現象が起きています。

片山　ぼくは「ウマ娘」も含めて、ゲームのことは全然わからないんですが、競馬ファンだけじゃなくて、その「ウマ娘」というゲームのファンとか、競馬界の外にいる人たちが、かつて活躍した競走馬に興味をもって、引退した馬たちを支援するムードになってきているということですね。

角居　そうです。あと競馬界に関して言うと、シェイク・モハメドの存在が大きいですね。

片山　誰ですか、それは？

角居　ドバイの王族で、首長っていうんですか、ドバイ・ワールドカップという世界最高レベルの賞金で知られるレースの創設者でもあります。

片山　さっきお話に出てきた、２０１１年のレースですね。ヴィクトワールピサという、角居さんが調教された馬が優勝した……。

角居　ドバイ・ワールドカップの創設もそうですが、シェイク・モハメドさんは、ドバイを世界屈指の国際リゾート都市にした中心人物といわれている人です。さらに、世界でも有数の競走馬のオーナーブリーダーでもあります。

片山　オーナーブリーダーというのは？

角居　その名の通り、生産者兼馬主。彼は自分の愛馬で馬術競技大会に出場するなど、馬好きとしても知られる人です。たんにお金持ちで愛好家というだけではなく、馬への造詣も大変に深い。そういう人物が、引退競走馬を支援する活動をしなければと、突然言いだしたわけです。

片山　そりゃあ影響力が大きいでしょうね。

角居　ぼくたちがホースコミュニティをはじめたとき、引退した競走馬が生き残るために、どんな役に立てるだろうかということを模索していました。中央競馬を引退した馬は、普通は地方競馬へ行くか、乗馬クラブへ行くか、そのくらいしか道はないんです。もちろん

サラブレッドが競走馬として活躍するのは、およそ2歳から7歳まで。引退馬の行方を追ってはいけないといわれてきた

種牡馬《しゅぼば》、繁殖牝馬《ひんば》というセカンドキャリアも考えられるけれど、ごく一部の馬に限られる。ほかに何か役に立つ方法はないだろうかと探していたときに、ホースセラピーという世界があることを知った。そこでホースセラピーをやっている団体を探しに行ったり、一緒に活動したりしようとすると、当時は、そういうことすらやるなと。

片山　JRAが、ですか?

角居　そのころ、ぼくは現役の調教師としてそれなりの成績を挙げていたので、JRAの上層部とも話ができるようになっていました。そういう人たちに、これからはホースセラピーをやらなきゃという話をしたのですが、感触は良くなかった。あとから聞いた話ですが、ホースセラピーに関しては、以前に助成金を出していた時期があったらしいんです。ところが、そのお金が間違ったところへ流れて、週刊誌などでずいぶん叩《たた》かれたらしい。

それで一気に手を引いたという経緯があったんですね。だからＪＲＡは、もうホースセラピーには手を出さないだろうという話を、別のところから聞いたりもしました。

片山　そしたらシェイク・モハメドっていうアラブの王様が、引退競走馬のことを問題にしはじめた。

角居　なにしろ世界の競馬業界のトップにいる人ですから、ＪＲＡとしても無視するわけにはいかない。シェイク・モハメドが代表を務める、ダーレーという世界的なサラブレッドの生産組織があって、その本部のあるイギリスから幹部が調査のために来日して、いろいろ提言していった。

片山　どんなことを言われたんですかね。

角居　彼らが問題にしたのは、日本はアジアのなかでも競馬先進国であり、パートⅠ国に認定されているということでした。

片山　パートⅠ国というのは？

角居　競馬の国際的な競走格付けグループで、一般国際競走がパートⅠからパートⅢ、障害競走開催国がパートⅣに分類されているんですが、日本は２００７年にパートⅠ国へ昇格したんです。ほかにはアルゼンチン、オーストラリア、フランス、ドイツ、イギリス、香港（中華人民共和国）、アメリカなど16の国が認定されている。国ごとに状況は違うものの、どの国でも、すでに馬の余生を守るために寄付金を募るなど、引退競走馬を支援する組織や仕組みづくりが進められていました。

片山　それらの国では、具体的にどういったことがなされているんですか？

角居　基本は支援金を集めて、引退した馬の余生を支えるということだと思います。濃淡の差はあれ、各国でそうした保護活動が行われている。ところが日本はパートI国であり、しかも世界で一番馬券が売れている国でありながら、それまでの引退馬支援はおそまつなものだった。これからは世界的な競馬団体の一員として、馬の福祉にしっかりと取り組んでほしいということを、国際的な場で言われてしまったわけです。このあたりから、引退競走馬の支援やホースセラピーに対するＪＲＡの態度が少しずつ変わっていった気がします。

片山　海外からの圧力が大きかったわけですね。競馬の世界に限らず、日本はいつだってそういう感じですね。外から言われて、ようやく動きだす。あとは「ウマ娘」か。それで具体的に、ＪＲＡはどういうことをしているんですか？

角居　お金を出すってことですね。引退競走馬の面倒をみている団体に、活動奨励金を交付するようになった。

片山　効果は上がっているんですかね。

角居　お金がまわりだすと、いろんなところで状況は変わってくると思います。「ビジネスになるかもしれない」と考えて参入する人が出てくる。もちろん、いいことです。ボランティア精神だけで引退馬の余生の面倒をみるのは、どうしても限界がありますから。

片山　先ほどのお話にもあったように、いま動物たちに対しては、とくに先進国の人たちは非常にセンシティブになっています。こうした流れは、競馬の世界でも無視できなくなるでしょうね。

角居　ぼくらが以前イギリスへ行ったときは、ドッグレースの賭け札がブックメーカーなどで結構売られていたのに、最近はとんと見かけなくなった。イギリスだけじゃなくて、アメリカでもオーストラリアでも、レースに対する批判が強くなっている。やはり犬を生産して、速く走れなかったら淘汰していくという世界ですからね。その回転が、ドッグレースの場合はとくに速かった。だから余計に、残酷だとか動物虐待だとかいった声が高まったんでしょう。競馬も、そうした批判にいつ曝《さら》されるかわからない、決して他人事ではない状況になってきている。だから、競走馬として走れなくなっても、あるいは乗用馬じゃなくなっても、馬たちが生き残れる道をきちんとつくっていかないと、いずれ競馬も危うくなるかもしれない。そういうことを、いま真剣に考えなくてはならないと思います。

片山　中央競馬から登録抹消されて、地方競馬や乗馬クラブへまわる馬というのは、数としてはどのくらいですか？

角居　毎年、競走馬は8千頭以上生産されていますが、そのうちの3千頭も中央競馬には残れないんです。ということは、5千頭以上の馬が地方競馬か乗馬クラブへ行くことになる。しかも地方競馬で必要な頭数というのは、だいたいどこも決まっている。乗馬クラブにしても一定の馬房数のなかで運営している。ということは、たとえ乗用馬への転用がうまくいっても、結局は乗用馬という名のもとに処分が進むことになる。ぼくたちがやっているサラブリトレーニング・ジャパンというところでは、競走馬から乗用馬へ転用するシステムはわりとうまくまわっているのですが、殺処分にまわされる馬の数は変わっていない。これって問題でしょう？

片山　たしかに。

角居　要するに、競馬界の責任を乗馬界の責任に転嫁しただけじゃないか。これでは本末転倒だということで、馬が最期の余生を安心して送れる場所をつくろうということになったんです。たんに場所をつくるだけではなくて、馬自身が自力で生きるためのお金を稼ぎだすという、そういうシステムにしていかないと、本当にたすけることにはならない。それが能登半島の珠洲《すず》市での取り組みにつながっているわけです。

片山　タイニーズファームですね。この牧場のことは、のちほどお聞きするとして、処分された馬というのは、だいたい食肉になるんですか？

角居　基本的に食肉ですね。もともと馬というのは農産物なんです。つまり牛などと同じ扱いなんです。

片山　競走馬も農産物なんですか？

角居　ずっとそうです。生産から競馬までのあいだは、農産物としての競走馬なんです。だから競馬は農林水産省の管轄になります。

片山　なるほど。

角居　ところが乗用馬になると、娯楽という範疇《はんちゅう》に入ってきて、環境省の管轄へ移る。すると愛玩動物に分類されて、動物管理責任者という資格が必要になる。また、動物愛護管理ということで、飼養などのガイドラインも入ってくる。

片山　ペナルティも厳しくなるわけですね。

角居　だから地方競馬も含めて、競走馬を終えると、そのまま屠《と》肉《にく》にすれば、ずっと農産物のままで扱えるんです。

片山　農産物として生産され、農産物として競馬場を沸かせ、最後は農産物として食べられる。なんか、つくづく理不尽な気がしますね。

角居　あいだに乗馬クラブが入って、人と動物の触れ合いとかで愛玩動物に変わった途端に、動物愛護の規制に縛られる。なまじ乗用馬に転用することで面倒なことになる。乗馬クラブの馬も最終的に処分するとなると、やっぱり屠肉に戻るんですが、競馬の馬は、そのまま競走馬として処分したほうが、世間的にはトラブルにならないという不思議な現象が起こるわけです。

片山　人間の作った法律に、人も馬も翻弄《ほんろう》されている感じですね。

角居　本当にそうです。

片山　毎年8千頭ものサラブレッドが生産され、そのうち半分以上が中央競馬から登録抹消されて、よくわからない末路をたどって、最終的には肉にされているという話を聞くと、ひどいもんだと思いますが、一方で、ぼくなんかも馬刺しなどはわりと平気で食べる。福岡に住んでいるという土地柄もあって、機会も多いんです。熊本方面に旅行に出かけたときなどは、お土産に買って帰ることもあります。「熊本名物の馬刺し」などとラベルを貼られているけれど、原産地はカナダになっている。なるほど、そういうことかと、これまではそれで済んでいたけれど、いまのお話をお聞きすると、なんだか複雑な気持ちになりますね。競馬で活躍した馬を殺して食べるのと、最初から食肉用として生産された馬を殺して食べるのと、どっちが残酷なんだろうって。いまは食肉を含めて、人が動物を扱ういろんな場面に、「残酷」とか「かわいそう」といった感情を介するようになっています。いいことではあるのでしょうが、一方で生産者というか、動物を扱う側からすると、残酷さや悲惨さが表面化しないように、マスキングしたりクレンジングしたりするという流れになっていく気もします。

角居　そうなんですよね。アメリカという国も、いや自分たちは馬を殺していないと言いますが、実はカナダに送ったりメキシコに送ったりして屠肉にしている。自分の国で殺していないというだけの話です。屠肉になった状態で、今度はカナダから日本に輸入されるという、マネーロンダリングみたいなことをやっているわけです。そうしないとまわらないという事情があるんだと思います。実際、馬の肉を生産する人たちにも生活があって、生業《なりわい》として食肉用の馬を生産している。そのこと自体は咎《とが》められることではないだろうと、ぼくも思います。

片山　簡単には答えが出ないし、難しい問題ではありますが、難しいからこそ考えつづけなくてはならないんでしょうね。動物たちの問題は、そのまま人間の問題でもあると思います。動物たちとの付き合い方を考えることは、人間同士の付き合い方を考えることにもつながる。経済性や合理性を追求するあまり、動物に対して残酷だったり非情だったりするのは、人間に対しても同じように振る舞っているってことかもしれない。日々の暮らしのなかで、他人を自分の生存の手段にしているような面って、けっこうあるような気がします。途中の過程がロンダリングされたり、マスキングされたりしていて、自覚せずに済んでいるけれど。動物との付き合い方を見直す、考え直すということは、人と人の関係をつくり直すことにもつながると思います。

写真＝小平尚典

第7章
いざ、奥能登へ

午前6時、三つのお社を祀《まつ》った神棚の前に元調教師が座《すわ》っている。天理教の朝夕のおつとめのときに着用する黒い服を着て、頭には冠《かんむり》をかぶっている。鼻の下と顎《あご》にうっすらたくわえた髭《ひげ》は白くなりかけている。教服こそ着ているものの、風貌《ふうぼう》はどこか布教師らしくない。これだけ日焼けした教会関係者も、あまりいないのではないだろうか。

神棚の前に立派な太鼓と鉦《すりがね》、小鼓《こつづみ》が置いてある。台の上にはちゃんぽんも見える。やがて朝のおつとめがはじまる。拍子木を打ちながら「みかぐらうた」を唱える。

角居の朝は早い。午前3時半に起きて、まず神殿の掃除をする。それから十二下りの「おてふり」をつとめる。時間にして小一時間といったところだろうか。そうこうしているうちに、朝のおつとめの時間になる。

輪島市内にある布教所は、ありふれた木造2階建ての民家である。玄関の横に「天理教大輪《だいわ》布教所」という看板が掲げてある。この布教所は角居の祖母がつくったものだ。彼女は輪島の出身で、金沢に出て結婚してからも、ときどき実家に里帰りすることがあった。折々に少しずつ信者を増やしていって、ついには布教所を設立した。その布教所を、いまは孫の勝彦が守っているわけである。

元気なころは月に1回くらい、祖母は金沢から輪島の布教所へ通っていたそうだ。角居

祖母が開いた布教所（右）で、教服を着て朝づとめをする　（写真=小平尚典）

の話にもあったように、祖母が亡くなったあとは、彼の両親が信者の世話取りをするようになった。父親が緑内障を患って車の運転ができなくなると、すでに60歳を過ぎていた母親が免許をとった。その運転がかなり危なっかしいものだった——ということで、角居は調教師時代から10年ほど、布教所の月次祭のときなどに両親を車に乗せて金沢と輪島のあいだを往復していた。

父の死が一つの契機だった。母親の年齢のこともある。祖母の時代からの信者たちも高齢になっている。もはや時間的な余裕はない。角居はキャリアの途中で調教師を引退して布教所を継ぐことを決意する、と経緯だけを書くと簡単だが、本人のなかではどうだったのだろう？　いろいろ葛藤もあったのではないだろうか。そのあたりのことを、飄々《ひょうひょう》かつ淡々として、いつも笑顔を絶やさない元調教師の前で、わたしは聞きそびれてしまった。

もう一カ所、現在の角居の拠点が奥能登の珠洲《すず》市にある。ここで彼は、引退競走馬たちのセカンドキャリア、サードキャリアを創出するとともに、馬たちの終《つい》の棲家《すみか》をつくるという取り組みをしている。ちなみに珠洲は角居の祖父の出身地でもある。つまり現在、彼は自分のルーツに立ち返るようにして、祖母の郷里で布教師として教えを受け継ぎながら、祖父の生まれ故郷で引退競走馬をたすける活動をしていることになる。

輪島から珠洲までは車で1時間ほどだ。「千枚田《せんまいだ》」や「名舟《なふね》」といった名勝地を通り過ぎる。道が海岸沿いを走っているため、左手には美しい日本海が広がっている。荒れた日は大変だろうが、この日は波も穏やかで、水平線まで遮《さえぎ》るもののない海が、明るくなったり暗くなったり、青みを増したり白く光ったりしながらつづいていた。

着いたところは「珠洲ホースパーク」。角居たちが取り組んでいる活動の新たな拠点となる施設である。1万5千坪ほどの土地に、馬場と牧場、仮設の馬房《ばぼう》などを備えている。土地は珠洲市から借り受けたもので、以前は花卉《かき》栽培センターだったらしい。近くには鉢《はち》ケ崎《がさき》海岸と近代的なホテル、オートキャンプ場などもあり、いたって風光明媚《めいび》なところである。ここに人と馬が共生できる場所をつくろうという計画だ。

わたしたちが訪れたときは、数日後のオープンに向けて最後の準備が急ピッチで進められているころだった。といっても、ストレスフリーな奥能登のこと、人も車もほとんど見かけない。しかも主役は、心も身体《からだ》も傷ついた引退競走馬たちである。施設内は、あくまでも閑静《のどか》。放牧地には、わざと木陰が残してある。潮の香りを含んだそよ風が吹くなか、草を食《は》む馬たちはいたってのんびりしている……と思っていると、にわかに異変が起こった。柵《さく》に近づく元調教師の姿を目にした2頭のサラブレッドが、脇目もふらずに駆け寄ってくるではないか。な、な、なにごと⁉

正体はアブである。とくに7月末のこの時期には大量に発生するらしい。虫たちは、毛の薄いサラブレッドの血を求めて殺到する。馬の体温は人間よりも高い。だから人を差し置いて標的にされてしまうのである。角居は常備してあるハエ叩《たた》きを手に、さっそく柵から身を乗りだすようにして、馬たちにたかるアブを叩きはじめた。おお、元調教師にして現役布教師の、牧場における最初の仕事はアブ叩きであったか。

それにしても、にっくきアブたち！　普段から、どんな虫とも友好的に付き合いたいと思っているわたしだが、アブに刺された馬たちの狂乱状態を目の当《ま》たりにしては、黙って見ていられない。義を見てなさざるは勇なきなり。元調教師に倣《なら》ってアブ叩きに参入する。馬は尻尾を振り回して虫たちを追い払おうとするのだが、さすがに敵も狡猾《こうかつ》にして巧妙、尻尾の届かないところにたかろうとする。そこをハエ叩きで狙《ねら》う。馬もアブも動くので、なかなか命中しない。「こら、動くな」などと言いながらパチパチやっていると、

「この距離感、競馬では絶対に見られませんね」と元調教師。

「アブ叩きですか？」

「競走馬が飼育されているようなところにアブはいないだろうし、ハエ叩きでお尻とか叩いたら反対に蹴《け》飛ばされちゃいますよ」

おお、そうだった。ハエ叩きでパチパチやっている馬たちは、引退したとはいえ、れっきとした元競走馬。生まれたときから速く走るように育てられ、レースで勝つための訓練をされてきた。そんな馬たちの尻を不用意に叩こうものなら、蹴飛ばされて、あばら骨などを折っても文句は言えない。知らないことはいいながら、かなり命知らずなことをやっていたらしい。

それだけ馬が人に慣れているということだろう。競馬の世界では気が立っていたはずの馬たちが、いまではアブを追い払ってくれるなら、お尻パチパチも許容するところまで人

輪島から珠洲まで、海岸沿いや山間の道を通り毎朝１時間ほどかけて通う。５月の奥能登地震の影響で、片道が塞がっている所も

アブを叩いてもらうために駆け寄ってきた２頭のサラブレッド。ここに来て日が浅く、まだ虫に慣れていないという（写真＝小平尚典）

とのコミュニケーションを取り戻している。この命知らずなアブ叩き、かなり感動的な光景でもあったのだ。ここでしか得られぬ貴重な体験と言ってもよい。馬のためにアブを叩いてやる。1匹叩き落とすたびに小さな達成感がある。そこには馬券を買うことでは得られぬ感動がある、と言ってもいいかな？

ところでわたしは、そもそも何をしにここにやって来たのか？　愛《いと》おしい馬たちのためには、いつまでもパチパチしていたいところだが、ひとまずハエ叩きを置いて仕事に戻らねばならぬ。

馬本来のＤＮＡに戻す

午前9時15分、冷房のない倉庫の一室でミーティングがはじまる。スタッフは角居のほかに男女二人ずつの4人。現在、この牧場には3頭のサラブレッドと1頭のポニーがいる。オープンしたあとは観光客を受け入れて、乗馬体験や触れ合い体験などのメニューも計画されている。やはり、これくらいの人数は必要なのだろう。

角居以外のスタッフは、朝5時半とか6時ごろから馬の世話をしていたらしい。まず餌《えさ》を与え、水を替える。それから馬房で一晩過ごした馬たちの様子を見る。馬体や蹄《ひづめ》をチェックして、傷があれば手当てをする。さらにブラッシングもする。７時ごろには曳《ひ》き馬で放牧地へ連れていく。このときも歩様《ほよう》に異常がないかなどを点検する。

放牧地に来ると、馬たちはさっそく草を食べはじめる。そのあいだにスタッフの人たちは馬房の掃除をする。ボロ（馬糞《ばふん》）の具合を見ることも忘れずに。さらに牧場の整備、除草などを行う。状態のいい馬は乗り馬で運動をさせたり、障害を飛び越えさせたりする。のんびりしているようで、馬のためにしてやれることは数限りなくある。

「ここの馬たちは、みんな中央競馬から来たんですか？」

「中央競馬と地方競馬かな。最近やって来た１頭は大学の馬術部にいた馬です」

「スタッフは競馬サークルの人たち？」

「栗東《りっとう》で厩務員《きゅうむ》とかやっていた人たちですね」

「やっぱり経験がないと、競馬あがりのサラブレッドを扱うのは難しいんでしょうね」

「そうですね。とくに馬運車《ばうんしゃ》でここに連れてこられたときは、どの馬もメンタルが壊れていたり、身体が故障していたりすることもあって、かなり気が立っています。でも不思議なもんで、１週間から10日くらいで自然に整ってくるんです」

「何もしなくても？」

「人間の技術はほとんど介在していないですね。ここの環境と解放感によって整うんだと思います」

「そこからリトレーニングがはじまるわけですね。具体的にどうやるんですか？」

「その子の個性もあるし、〝壊れ具合〟にもよるけれど、基本的には馬にやさしくすることですね。競馬の世界というのは、世話をしてくれている厩務員にも怪我《けが》をさせるほど、強いストレスのかかる環境なんです。ただ、どんな馬でも、サラブレッドの前に馬としてのＤＮＡがある。馬のＤＮＡに戻してしまえば、本来は人とともに生きてきた動物だから、落ち着いて人間とコミュニケーションがとれる状態になる。大人から子どもまで、誰が触《さわ》っても安全な馬にすることができる」

「初対面の者にアブ叩きをさせてくれるくらいだから、ここの馬たちは、かなり本来のＤＮＡに戻っている感じですね」

「面白いのは、たった3頭だけれど、ちゃんと序列があるんです」

「リーダーがいるんですか？」

「順番がついちゃうんですね」

「獲得した賞金額によって、とかじゃないですよね」

「彼らに賞金の話はわからないでしょう」

「やっぱり力ですか？」

「若くて走りまわれる馬。餌にたどり着くのも逃げ足も速いので、一番強くなっちゃう」

「なんてシンプル」

「そういう社会性が構築される瞬間も面白いし、順番ができたあとの彼らのルールを見ていくのも不思議な感覚です。長年、調教師をやってきたけれど、まだまだ馬について知らないことがたくさんあるなと思います」

「ここみたいに複数頭を一緒に放牧するということは、競走馬ではやらないんですか？」

「基本的に１頭１頭、別行動ですね。乗馬クラブでも、あまりやっていないと思います。怪我をする危険性があるから」

「すると、ここの馬たちのあり方が、本来の姿に近いってことですね」

「そうですね。かなり近くなっていると思います」

「さっきアブ叩きをした放牧地は、けっこう広いようですが、何頭くらいまで放牧できるんですか？」

「スペース的にはまだ余裕があるんですが、餌の問題があって、生えている草をすぐに食べ尽くしてしまうんです」

「3頭プラス1頭で？」

「とにかく一日中、食べていますからね。でも候補となる土地はいくらでもあるので、将来的には同じような放牧地をいくつかつくって、草の生えているところに移しながらローテーションで使っていけば、7頭くらいまではいけるんじゃないかなと思っています」

つまり農業の三圃《さんぽ》制のように、一カ所を休閑地にして、草が生え揃《そろ》ってから馬を移すわけである。角居によれば、ここにいる馬たちはいわば1軍、すぐに人間相手に使える状態の馬たちである。そしてタイニーズファームという、もう一つの牧場に、故障した馬や治療の必要な馬を入れる。さらに、八ケ山《はっかやま》というところに放牧のための広大な土地を確保しているという。ゆくゆくは奥能登で100頭くらいの馬の面倒をみられるようにしたい、というのが角居の構想である。

3歳の夏までに1勝できなければ残れない中央競馬という世界。そこでレースをする馬たちも、成績によって命の長さが決められてしまう。熾烈《しれつ》な世界を生き抜いてきた彼らが、いま本来の馬の姿に戻って憩《いこ》っている。人間によって極限までつくり込まれた馬たちが、元来の野生に近い姿を取り戻して、木陰でのんびり草を食んでいる。その光景は、不思議と見る者の胸を打つ。普通の馬が草を食べている姿とは、やはりどこか違う気がする。彼らは競走馬として使役の果てまで行って、運良く生還したものたちだ。死の淵から戻ってきたサバイバーだ。そうした馬たちを目にすることは、思わず知らず深い感銘を覚える体験なのかもしれない。

一人でも多くの人に、ここへ来て彼らを見てほしいと思う。その光景を心に留《とど》めておくことは、大切な宝物を手にするようなものだ。慌《あわ》ただしい都会の暮らしにあっても、ときどき彼らのことを想《おも》い起こす。たとえ会いに行けなくても、奥能登の地には彼らがいて、十年一日《いちじつ》のごとく草を食んでいる。そんなことを想うだけで、暮らしが潤ってくるに違いない。

先にちょっと名前が出たタイニーズファームは、ホースパークから車で数分の距離にある。サラブレッドとしての使役を、すべて失った馬たちの面倒をみる。彼らが余生を送るための場所をつくる。角居が長年思い描いてきた計画を実行に移すために、最初に拠点とした場所だ。

過疎化と高齢化は、いまや多くの地方自治体が抱える問題である。そうした自治体の多くが、都会で暮らす人たちに向けて、地方移住を勧めるさまざまなイベントをやっている。珠洲市のタイニーズファームも、そうした場所の一つだった。当初、角居は祖母の布教所がある輪島近辺を候補地に考えていたが、珠洲は彼の父方の先祖が暮らしていた土地でもある。輪島と珠洲なら、布教所と信者の方々のお世話をしながらでも車で通える距離だ。

もともとはオーガニックな農園で、ヤギやニワトリを飼育し、その糞などを堆肥として活用する循環型農業を行っていたところらしい。そこへ角居が1頭の引退馬を連れてやって来た。ほとんど飛び込みのお願いだったという。馬の名前はドリームシグナル。2021年4月のことである。

当然のことながら、スタート時には厩舎《きゅうしゃ》も放牧地も何もない。とりあえずトラクターが置いてあった倉庫に馬を入れた。その後、放牧地を広げていくなかで、活動が地元の人や行政の目に触れる機会も増えていった。そこで飼育環境を改善するために、クラウドファンディングを利用して馬を3、4頭飼育できる厩舎を建てることにした。

複数頭の馬を受け入れたことで、地元自治体からの助成金が下りるようになった。「観光事業と福祉事業につなげてほしい」ということだったらしい。たしかに人を呼び込むという点で馬は大きな力になる。馬との触れ合いを求めてやって来る人もいるだろうし、「こんなところに馬がいるんだ」と新聞やテレビなどのメディアに取り上げられる機会も増える。

また、極端な過疎化と高齢化が進んだ地域では、教育、医療、介護、福祉など多くの問題を行政まかせにできない。自分たちでなんとかするためには、地域住民を含む多くの人たちが気持ちを一つにする必要がある。その中心に馬を据えたい、というのが角居の構想だった。

現在、馬はホースパークのほうへ移っているので、ここには空っぽの厩舎のほかに、放牧用の柵が残っているだけだ。馬がいなくなった放牧地には夏草が茂り、まわりには鬱蒼《うっそう》とした林が広がる。緑色の厩舎は、なかなかシックな外観である。この深みのある緑色は「スミイ・グリーン」と呼ばれ、栗東時代からチーム・スミイのシンボル・カラーだった。

人がいて馬がいる

「タイニーズファームの時代には、どういうことをされていたんですか？」

「基本的には、いまと同じですね。触れ合い体験で子どもたちに曳き馬をしてもらったり、牧場の近くにある海岸のゴミ拾い活動へ参加したり。なにしろよそ者なので、地域住民と積極的に関わることで、人と馬との交流の機会を増やしていこうとしました」

「海岸でゴミ拾いをされている動画を見たことがあります。馬にゴミ袋みたいなのを背負ってもらい、そのなかにペットボトルやプラスチックなんかを入れていくんですね」

「あと、海岸ではリクエストがあれば、観光客や地域の子どもたちを馬に乗せたまま海に入ったり、馬の背中から海へ飛び込ませたりしました」

「怖がらないんですか？　子どもたちは」

「いきなり馬に乗せようとすると、やっぱりハードルが高いんですね。小さな子どもが馬を見つけて喜んで駆け寄ってきても、そばまで来ると、その大きさに固まってしまう。乗るかって聞いても、乗らないって。でも海に入ると、目線が同じ高さになるわけです。浮き輪をして泳いできた女の子が馬に触るとか、そういうことができるようになる。そこでもう一度、乗ってみるかと聞くと、乗ってくれたりする」

「馬って、海を怖がらないんですか？」

「波は怖がりますけど、静かな海なら大丈夫です。ただ海に入ると気持ち良くなるらしく

近くの鉢ヶ崎海岸で、地元住民や観光客が馬と触れ合った
（2021年、写真＝正木徹）

て、うんこをするんです。だからボロを掬《すく》って捨てる係が必要になる」

「角居さんが最初にここへ連れてきたドリームシグナルって、どういう馬だったんですか？」

「金沢の乗馬クラブにいた馬で、ストレスから身体を壊して、人を一日乗せると、次の日は動かなくなるという状態でした。背中が痛かったんだと思います。もう歩かない。そういう場合でも治す方法はあるんです。身体的にもメンタル的にも。でも普通、乗馬クラブのスタッフはそういう悪い癖を矯正する方法を知らないので、結局、馬房に入れられっぱなしの状態だった」

「いくら休めるといっても、馬にとっては、あまりうれしくないでしょうね」

「狭い馬房から出してもらえないから、ますますストレスが溜《た》まって人間嫌いになる。それでもかわいがってくれる人がいて、好物のニンジンなんかを与えたりしていたのですが、今度はニンジンを見ると異常に興奮して、その人がニンジンを渡すことさえ危険な馬になってしまった。それで乗馬クラブにも置いておけないってことになって、なんとかならないかと、ぼくのところに話が来たんです」

「そういう場合、普通は処分されるものなんですか？」

「そうですね。日本の競走馬の場合、中央競馬を引退すると地方競馬か乗馬クラブへまわされて、乗馬クラブからも出されると、あとは屠肉《とにく》にされるしかない」

「サラブレッドとしての使役をすべて失うって、そういうことなんですね」

「ドリームシグナルの場合は、もう待ったなしの状態でした」

「以前、必要があって、ペットの殺処分について調べたことがあります。公示期間といって、犬でも猫でも一定期間は引き取り手が現れるのを待つ、執行猶予期間のようなものが設けられているんですね。たしか5日間だったかな。そのあいだ動物たちを入れておく部屋があって、最初は抑留室1に入れられる。翌日は2、その次が3という具合に一つずつ移されて、抑留室5が行き止まり。その先には、処分棟へつながる通路しかない。実際は、あいだに土日が挟まるから、動物たちは8日目の朝に殺処分されることになる。ドリームシグナルは抑留室5から救い出されたようなものですね。それで、ここに連れてきて、どういうことをしたんですか？」

「まず、ゆっくり休養させました」

「馬のDNAを取り戻させるためですね」

「そのうちに落ち着いてきて、本来の馬らしい行動が見られるようになった」

「馬らしいっていうのは？」

「彼らは基本的にできるだけ動きたくない動物なんです」

「動物なのに」

「とにかく一日中、のんびり草を食べていたい」

「軍馬や競走馬のイメージとはずいぶん違いますね」

「ドリームシグナルが来て、しばらく経《た》ってからのことですが、ここの厩舎の扉は基本的にはオープンで、馬が自由に草を食べに出て、好きなときに厩舎に戻ってこられるようにしていました。すると一つの馬房に2頭、3頭と入っていることがある。馬って一緒にいるほうが幸せなのかもしれないなって思いました」

「そういう光景も普通は見られないですね」

タイニーズファーム。厩舎の建設には多くの支援が集まった

「絶対に見られないでしょうね」

「ホースパークの馬房は一般の馬房と同じ、1頭ずつですね」

「あそこはそうですね。1軍だから」

「そうか、一応お仕事をしなくちゃならない。でも放牧地では寝転がって、地面に身体をこすりつけたりしていました。あの馬たちも、やっぱり処分を待つだけの状態だったんですか？」

「1頭はトレーニング中の骨折で、乗馬クラブへは預けられないってことで、うちに来ました。あと、繁殖牝馬《ひんば》として北海道の牧場で子どもを産んだあと、お役御免になった馬もいます」

「皮肉なことですね。そうやって競走馬としても乗用馬としても、それから繁殖馬としても生きる道を失った馬たちが、いまはとても幸せそうに見える」

「自由に青草を食べ放題という点では、これまでの馬人生のなかで一番幸せでしょうね」

「そういう幸せな状態に馬たちを戻すことが、安全な馬、誰が触っても大丈夫な馬にすることでもあるわけですね」

「そうです。アスリートとして洗練され、気が立った状態の馬たちを、彼らが本来もっているニュートラルな状態、好奇心の強さや人との親和性の高さが優位になるような状態に戻してやる。そうすることで、もう一度、人との接点を創出できる」

「そのためにはサラブレッドとしての使役をすべて失う必要があるっていうのが、なんとも切ないというか。ここへやって来るまでには、処分されるかどうかの瀬戸際をくぐり抜けなければならなかったわけですよね。もう少し余裕のある段階で、本来の馬に戻すことはできないんでしょうか」

「当然、そこは考えていかなきゃならないと思います。壊れるまで使いきるんじゃなくて、もう少し早いタイミングで引退させるとか。そのためにも実績を積み上げていくことが大切だと思っています。引退馬を受け入れて、これだけのことができますよ、というところがスムースにまわりはじめれば、じゃあこれ以上、無理をさせるのはやめようという話にもなると思うんです」

　ホースパークから目と鼻の先にあるタイニーズファームとは違い、八ケ山までは車で20分ほどかかる。かなり山奥という感じである。道は整備されているけれど、上り坂はきつい。人界も尽きようかというあたりで、ようやく朽ち果てたハーブ園の看板が現れる。車を降りると、遠くに鉢ヶ崎の松林と富山湾が望まれる。温室めいた大きな建物は、かつてはバーベキューハウスだったようだ。近くに受付らしい建物も残っているが、いずれも損壊が激しい。

　灌木《かんぼく》や雑草に侵入された舗道を歩いていくと、かなり急な勾配の斜面が前方に広がっている。元調教師は身軽で体力もありそうだが、デスクワーク中心の小説家は脚《あし》がよろついて、頭のなかではすでに下山後のビールのことなど考えている。

「ちょっと来ないあいだに、すごいことになっているなあ」

　しばらく前に草刈りをしたそうだ。それが数カ月のあいだに、すっかり夏草に覆われている。驚くべき自然の繁殖力である。歩くたびに葛《くず》や瓜《うり》の仲間らしいツル性の植物が足元に絡みついてくる。

「馬を連れてきたら食べてくれますかねえ」

「そりゃあ喜んで食べますよ」

「ここだと何頭くらい飼えますか？」

「100頭くらいは放牧できるんじゃないかな」

その情景を頭に思い描いてみる。山のあちこちに100頭もの馬が潜み、できるだけ動きたくないという習性に従って静かに草を食べている。そうして草がなくなっていくにつれて、少しずつ馬たちの姿が現れてくる。耳とか頭とかが出てくる。あそこにもいる、こっちにもいるぞ。ほら、あそこでも尻尾が動いている――ハーブ園やバーベキューよりも楽しそうだ。きっと子どもたちも喜ぶだろう。

すでに放牧のための杭打ちは終わっているという。あとは馬を連れてくるだけだ。草が生い茂ったところに馬を放し、どのくらいの土地環境にまで耐えられるかなどを見極めながら、サラブレッドがなるだけ野生に近い状態で生きる場所をつくっていく。

「やはり、馬が自立してお金を稼ぐというプログラムを作らなくてはならないと思うんです」

「使役をすべて失ったサラブレッドですけど、どういうことができますか？」

「とりあえず、草を食べて、いいうんこをすることくらいですかね」

「それだって立派な堆肥にはなるけど、自分のうんこで自分を養っていけるかなあ？」

「どれが正解っていうのはないと思うんです。みんなで考えつづけることが大切だと思います。そのために馬の最期をつくる。まず、それを可視化する」

「たしかに、これまで馬の最期って見えなかったわけですよね。見えないものは、この社会では存在しないことになってしまう」

「馬の寿命を30年とすると、10歳で引退して残り20年あります。月10万円かかるとして年に120万、20年で2千400万からのお金が必要になる。これを一人でやろうとすれば、馬とともに財産をなくしていく、自分の生活を潰《つぶ》していくことになる」

「あまり現実的ではありませんね」

「かといって、寄付で養うっていうのも心許《もと》ない。どこまで支えられるかわからないから」

「引退したときは人気があっても、あと20年となると……」

「支援が途絶えたところで処分されかねない」

「厳しいなあ」

「だからどうしても、馬が自分を養うためのお金を稼ぎだす方法を考えなくちゃならない。

ＴＣＣセラピーパークのようなところだと、療法士や保育士といった有資格者と連携してお金を稼ぐ仕組みを作っていますす。それ以外のやり方を考えたいんです。人がいて馬がいる。日本中どこでだってやれる。アイデア次第だと思うんです」

サラブレッドは競馬のため、少しでも速く走るために、人間がつくり上げてきた動物である。だから競馬という産業のなかにいるときに、最も高い経済性を発揮する。ディープインパクトのように、何十人もの人間を養えるくらいのお金を稼ぎだす馬もいる。一方で、走れなくなった馬は、多くの場合、殺処分の瀬戸際まで追い込まれる。しかも角居によると、競走馬は能力が高ければ高いほど、身体的にもメンタル的にも簡単なスイッチで壊れてしまうらしい。まさに綱渡りの一生なのだ。

もちろん乗馬クラブや観光業で使役される馬も、立派に自分たちの生活費を稼ぎだしている。角居たちがここで面倒をみようとしているのは、そこからこぼれてきた馬たちだ。サラブレッドとしての使役をすべて失った馬たち。そんな馬たちが、奥能登の木陰で静かに草を食みながら余生を送っている。いまはまだ数は少ないけれど、そこには、ほのかな明るみが差している。やわらかくて音色のいいものが流れている。だからきっと、ここにいると癒《い》やされる気がするのだろう。元調教師である角居の話を聞いているだけで、ほっとするのだろう。

最後は無力で無用な厄介ものとして死んでいくことにおいて、人も馬も変わりはない。ただ人間の場合は、すべての使役を失ったからといって処分されることはない。その点、馬よりも恵まれていると言えるだろうか。いままさに尽きようとする命のなかに、わたしたちはどんな意味や価値を見いだすことができるだろう？

第8章
天理大学のホースセラピー

季節を4カ月ほど巻き戻して、今日は3月中旬の月曜日、時間は午前8時半である。曇り空で底冷えがする。ここは天理市の西山古墳。日本最大の前方後方墳ということだが、地上からでは、なだらかな丘にしか見えない。古墳に隣接して天理中学校と天理高校西山校舎がある。また古墳の横には天理大学馬術部の馬場があり、細い道を隔てたところに古い厩舎《きゅうしゃ》が建っている。

角居はすでに馬に乗っている。白い道産子《どさんこ》だ。「テンちゃん」と呼ばれているようだ。さっそく、傍《かたわ》らをついて歩きながら質問する。

「いま何をしているんですか？」

「馬のバランスを見ているんです。馬という動物はバランスが崩れやすいので。野生馬であれば走りまわって自分で整えるのですが、ホースセラピーをやっているようなところで、そんなに広い場所を確保するのは難しい。だから人が乗ってバランスを整えてやる必要があるんです」

「ストレッチみたいなものですか？」

「そうですね。硬くなっている筋肉を乗馬によって整える。乗ってみると身体《からだ》のバランスの崩れがわかります。馬をゆっくり歩かせることで、それを調整するんです」

「どのくらいやるんですか？」

「だいたい15分か、20分ですね。こうやって歩かせているあいだに、筋肉が硬直している部分や精神的に煮詰まっているものがすっと抜ける」

　現在、天理大学の馬術部には、このテンちゃんのほかにサラブレッドが２頭と、半血種（雑種）の馬が１頭いる。こちらにも、それぞれ人が乗っている。２頭は茶色っぽい毛並みで、鹿毛《かげ》とか黒鹿毛とかいうそうだ。もう１頭は白に灰色や黒が混じっていて、芦毛《あしげ》というそうである。その芦毛に乗っているのは馬術部の男子学生。軽く駆け足をさせて、低い障害を飛び越す練習をしている。近くに立ってアドバイスをしているのはコーチだろうか。あとの２頭に乗っている女性は馬術部のＯＧということだ。やはり、ゆっくりと馬を歩ませている。

「サラブレッドって人を乗せてじっくり歩くのは、本当は苦手なんです。どちらかというと走りまわりたい」

「がまんしてくれているわけですね」

「乗せた人の癖を背中で感じ取るらしいんです。それに敏感に反応して、馬のほうでバランスをとってくれる」

「やっぱり、人によって乗るときの癖があるわけですか」

「だいたい誰でも最初は自分の好きな姿勢で乗りますからね。それに馬はじっと耐えてくれる。でも、次第に筋肉がこわばってきて、そのまま長く乗りつづけると、とうとう馬の身体が歪《ゆが》んで動かなくなる。人間のほうが姿勢を直すと、馬も直る。そうやって相互に直し合う」

「人馬一体とは、よく言ったものですね」

「初心者とか子どもとかは、どうしても中心バランスがとれないんです。身体の重心が前に傾いていたり後ろに傾いていたり、左右にずれていたりする。とくに障害のある人などは、乗り手としてのバランスが大きく崩れていることが多い。馬にとっては、かなり気持ちの悪い状態のはずなんですが、そんなときでも馬のほうが人に合わせてくれる。弱いものを乗せた途端に、それがわかるらしいんです。どこで判断しているのかわからないけれど」

「すごい能力ですね」

「とくにサラブレッドには感覚的に伝わりやすい気がしますね。鋭敏でデリケートっていうか。だから心のケアに向いているかもしれない。うつや不安定な精神の人には、馬のほうが気にして近寄っていくんです」

「患者を診察して臨床的にとらえるんじゃなくて、もっと動物的な部分というか、感覚的な部分で対応してくれているんでしょうね」

「少なくとも人間社会の基準では見ていないですよね。この子は不登校児とか、この人は身体障がい者とか、ラベリングをせずに、ただ人間性を見ている」

「やっぱり、やさしい人が好きなんですか？」

「基本的にそうですね。いま眼の前にいるこの人が自分にとって幸せをくれる人かどうか。そこしか見ていないので、たとえば社会的に重いペナルティを課せられたような人でも、馬との関係性を構築することが更生していくきっかけになったりする。海外では、そういうアプローチがいろいろなされていて、アメリカなどでは刑務所に馬を入れて、収監されている人たちの更生を助けるプログラムみたいなものがたくさんあります。その人が過去にどういう罪を犯したかとか、どういう経歴で生きてきたかとか、そういうことを馬は全然見ないですから」

「たしかに犯罪者を色眼鏡なしに見るっていうのは、ぼくたちには難しいかもしれません。過去に殺人を犯したと聞けば、やっぱり怖いなと思うでしょう。でも馬にしてみれば、殺人も窃盗《せっとう》も関係ない。ただ幸せをくれるかどうかだけ。この割り切り方が、人によってはありがたいわけですね」

乗馬で使われる馬の歩き方（走り方）には三つの種類がある。歩様《ほよう》とか歩度《ほど》とか言うらしい。遅いほうから常歩《なみあし》が歩き、速歩《はやあし》が小走り、駈歩《かけあし》が走りということになる。スローモーションで見ないとわからないが、常歩では右後、右前、左後、左前という具合に、馬は4本の脚《あし》を順序よく動かして4拍子のリズムで歩いている。これが速歩になると右前左後、左前右後というように、2本の脚が同時に接地する。さらに駈歩では、3本の脚が接地している時間と、4本の脚すべてが地面を離れている時間がある。このほかに襲歩《しゅうほ》（ギャロップ）というのがあるが、いわゆる全力走で、競馬以外ではほとんど見られない。

「いま角居さんが乗っているのは常歩ですか？」

「そうですね」

「どうやってコントロールするんですか？　歩き方というか走り方というか」

「合図を出すわけです。扶助《ふじょ》っていうんですけどね。大きく三つあって、一つは脚ですね。ふくらはぎのところでお腹《なか》を圧迫したり、靴でお腹を触《さわ》ったり、ときには軽打したりといった動作です。もう一つは拳《こぶし》、手綱ですね。最後が座骨、騎座《きざ》っていいます。要するに鞍《くら》に接触しているところです。乗馬では主に騎座を使います」

「競馬とかを見ると、ジョッキーは常に中腰で鞭《むち》を入れてますよね」

「駈歩やギャロップになると騎座は使えないんです。脚と拳だけで馬を操作する」

「意外と馬の頭の動きが大きいですね。頭を上下に振りながら歩いている」

「乗っているほうは腰が前後に揺さぶられる感じです」

「それがリハビリになったりするんでしょうね」

「そうですね。でも馬のほうでは、人の乗り方に合わせているうちに身体のバランスが崩れてくる」

「なんだか、馬が人間のアンバランスを吸収してくれているみたいですね。暴れたりしないんですか？」

「時々します。馬って基本的に臆病な動物だから、突然、暴れることがあるんですよ。しかも原因がわからない」

「プロでもわからないんですか？」

「その馬に乗り慣れた者にもわからないんです。ひょっとして遠くの音が聞こえているのかもしれない。あるいは馬の視界って３５０度くらいあるから、人間の視界からは消えて

セラピー馬のテンちゃんの近くを自転車群が通過していく

いるものが見えるのかもしれない」

「じゃあ、そのとき馬を落ち着かせるには技術が必要ですね」

「セラピーなどで使うときには、必ず介助する人がついているから大丈夫なんですけどね」

「やっぱり草食獣の習性を残しているんでしょうか」

「この西山古墳は、しばらく前まで笹《ささ》が生い茂っていたんです。それを刈って視界が全く変わったから、馬にとってはかなりの恐怖を感じているはずなんですよ。雨が降って地面が濡《ぬ》れるだけで、出ていくのを嫌《いや》がったりしますから」

角居は馬場を出て小さな道を横切り、テンちゃんを校舎のほうへ向かわせる。ちょうど登校時間なので、自転車に乗った中学生たちがどんどん通り過ぎていく。

「これって、馬にとってはかなり嫌な状況なんです」

「自転車ですか？」

「集団で通るでしょう。馬は一人ひとりを識別できなくて、ただ訳のわからないものが群れをなして近くを通り過ぎると認識する。それが恐怖なんですよ」

「なるほど」

「だから、いい環境でもあるわけです」

「いいんですか？」

「不意の物音とか、見慣れないものの出現とか、アクシデントがあっても動じないことが大事なんです。そういう経験値を増やすことで馬を鈍化させていく。すると、馬が安全な動物になっていく」

いちいち納得である。やはり長く馬に携わってきた人の言葉という気がする。誰にもわかるやさしい言葉を使って話してくれるけれど、言葉が深い――。などと感心しているうちに、馬は校舎のあいだを抜けて、こぢんまりとした雑木林にやって来ている。すぐ横を車道が通り、車の往来も頻繁だ。

「さすがに動じませんね、テンちゃんは」

「それよりも、立ち止まって草を食べたいって感じかな。このあたり、けっこう馬の好きな草が生えているんです」

「誘惑と闘っているわけだ」

「ときどき負けちゃいますけどね」

不登校女児とテンちゃん

10時半、母親が二人の女の子を連れてやって来る。不登校の姉妹らしい。最初のうちは母親がずっと付きっきりだったそうだ。やがて姉妹のほうから「もう、お母さんは帰っていいよ」と言うようになった。

二人の仕事は馬の手入れと馬房《ばぼう》の掃除である。まず馬を房から出す。厩舎の外に狭いパドックのようなところがある。ここで馬を洗ったりブラッシングしたりする。妹のほうは、さっそくブラッシングをはじめた。ほとんど撫《な》でるような感じである。馬のほうは物足りないのではないか。でも文句も言わず、されるがままだ。

姉は馬房の掃除を担当している。なかなか手際がいい。ここの馬術部では、馬房の敷料におがくずを使っている。そのなかに餌《えさ》の乾草《ほしくさ》が混ざっている。おしっこで濡れたおがくずや乾草は捨てる。ボロ（馬糞《ばふん》）は大きなフォークですくって、おがくずと一緒に採集用のコンテナに捨てる。このボロは堆肥として天理高校第二部の農事部で活用されるということだ。ボロもおしっこも、汚れたところだけを取り除き、おがくずや乾草はできるだけ捨てずに再利用するのがコツである。

天理市の不登校等親の会が、小中学生を対象に家族単位での参加を呼びかけ、２０２０年からはじまった活動らしい。これまでに参加した子どもたちのなかには、何年間も学校へ行けない子もいた。そんな子でも、ここにはやって来る。そして馬の世話をしているうちに、学校へ行けるようになる子も少なくないという。

たしかに作業をつづけるうちに、姉妹の表情がやわらいでくるのがわかる。こちらが話しかけると、ぽつんぽつんと答えてくれる。けっこう面白くない冗談を言ったりもする。

「まだ大人と目を合わせて話すのは、つらい子たちなんです。でも、馬を介することで話ができる」

少し離れたところから様子を見ている角居は、ほとんど口出しをしない。ただ静かに見守っているという感じである。作業のほうは子どもたちと現場のスタッフに任せている。スタッフといっても、馬術部の部員とOGの女性が3人ほどいるだけだ。それに小学生の姉妹。ごく慎《つつ》ましくやっているという感じである。もともと人間関係が苦手な子どもたちだから、受け入れ人数を多くすると、参加者同士の関係が難しくなるのかもしれない。

「馬の世話をしてから、馬に乗せるようにしています。そうすることで、子どもたちは自分の価値を見いだす。役に立っていると感じる。ここにいてもいいんだって思う。さらに馬に乗ることで自信をもつ」

乗るということは、意外と大事なことかもしれない、と角居の話を聞いていて思う。自分よりもずっと大きな動物の世話をする。そのお礼に、馬のほうは人を乗せてくれる。人間同士ではなかなか培えない信頼関係を、彼女たちはここで築いているのかもしれない。

わたしたちが子どものころには、学校で動物が飼われているのが当たり前だった。飼育小屋にはいつもウサギやニワトリがいて、学級には飼育当番がおかれていた。うちの息子たちが小さいころも、やはり小学校や保育園では動物が飼われていた。当時住んでいたマンションは、子どもたちが通う小学校の隣だったので、朝には元気のいいニワトリの鳴き

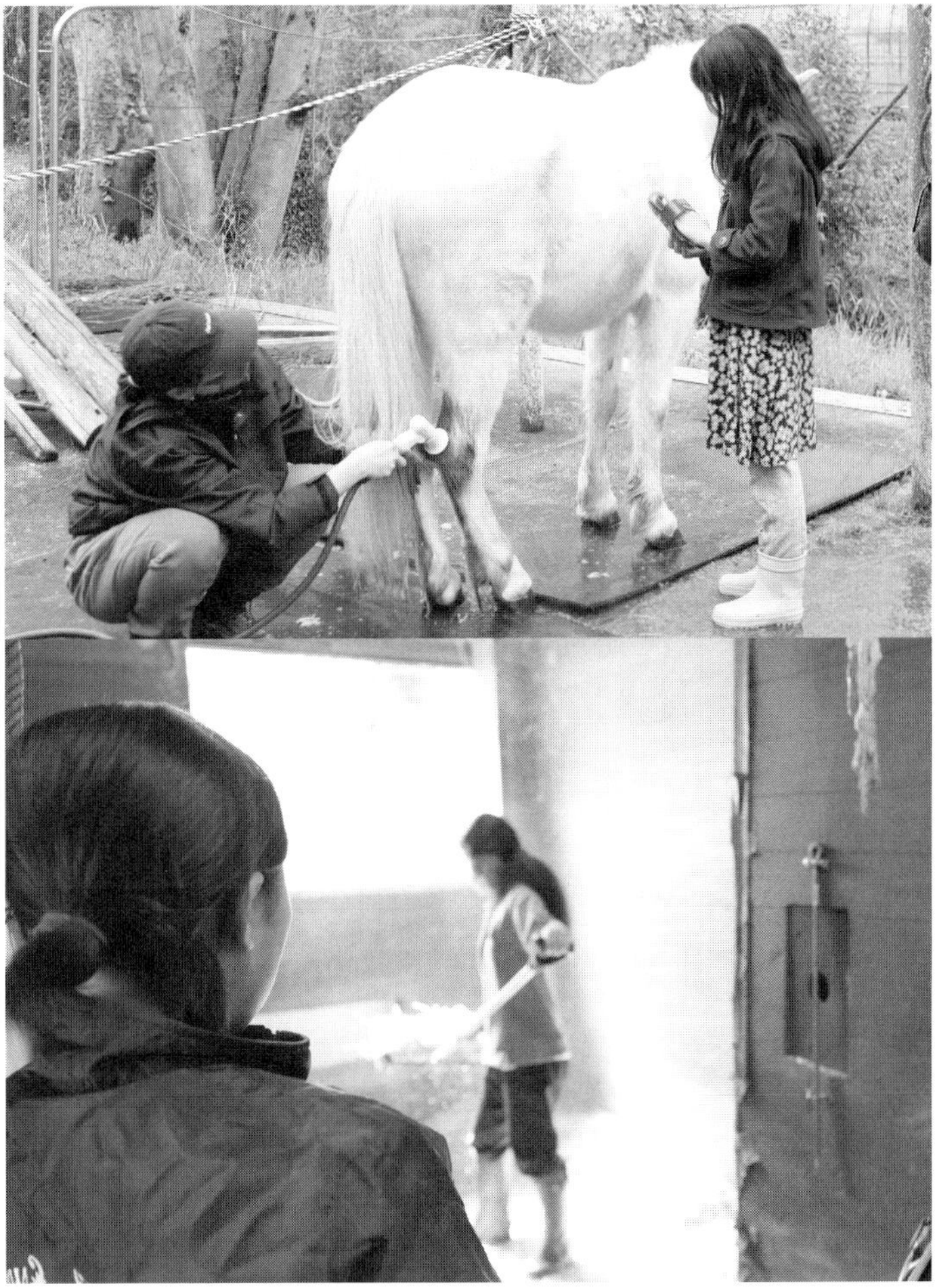

馬のブラッシングや馬房の掃除を手際よくこなす姉妹。それぞれに
大人のスタッフが付き、会話をしながら作業する

声が聞こえてきたものだ。

いつのまにか学校から動物がいなくなった。鳥インフルエンザの発生で鳥類の飼育が避けられるようになったことや、動物愛護の観点から学校での飼育は適していないという意見が出てきたこと、動物アレルギーがあって飼育活動に関われない子どもに配慮する例が増えたことなどが理由だという。さらに「教員の働き方改革」で、先生たちの負担を減らすためにも、動物飼育を減らすという流れになっているようだ。

まあ、いろんな事情があるのだろうけれど、子どもたちと馬との慎ましい触れ合いを見ていると、こんな機会がもっとあればいいのにと思わずにはいられない。もちろん小さな動物たちもかわいい。毎朝、庭にやって来る小鳥たちには心を癒《い》やされる。家庭でペットとして飼われている犬や猫から得られるものも多いだろう。

しかし馬というのは、やはり格別な動物である。ただ餌をやってかわいがるだけではない。体重が500キロもある動物の世話は大変だし、ある程度の危険も伴う。乗馬クラブなどでは、怪我《けが》のことを心配して、馬の手入れや世話はさせないところが多いらしい。だから子どもたちにとって、ここはとても貴重な場所だ。クールでドライな関係のなかに、やわらかくて温かみのある心の交流が生まれる。

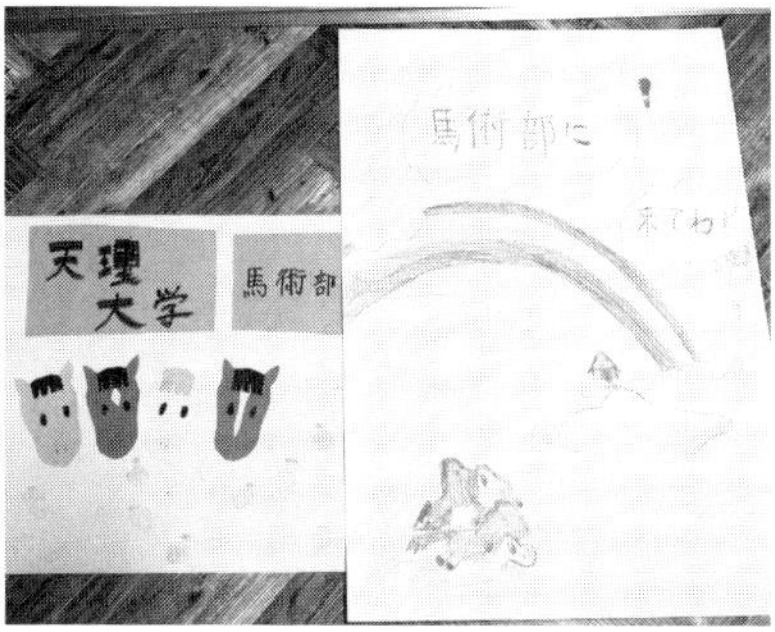

完成した馬術部の勧誘ポスター。前年までコロナ禍で、満足に部員の勧誘ができなかった

馬房の掃除と馬の手入れが終わったあとは、いよいよメインイベントの乗馬である。サラブレッドよりも小型の道産子、テンちゃんの出番となる。まず、お姉ちゃんが乗る。すでに何度も乗っているのだろう。慣れたものだ。姿勢もいいし、表情も、どことなく誇らしげである。小さな馬場を2周ほどすると妹と交代。乗ったあとは、「ありがとう」の気持ちを込めてニンジンをあげる。テンちゃんのほうは、これを待っていた様子で、いかにも美味《おい》しそうに食べている。

乗馬体験が終わると、最後に子どもたちは画用紙に絵を描きはじめた。なんでも馬術部の勧誘のポスターだそうである。なるほど、あと半月もすれば大学には新入生がやって来る。部員減少に悩む馬術部としては、一人でも二人でも引き込みたいところだ。そんな現役部員のおにいさんやOGのおねえさんたちの気持ちが通じているのだろうか、二人とも熱心に描いている。しかも色鉛筆やマジックを手に取ると、すぐに描きはじめた。頭のなかでは、もう絵柄が出来上がっているのかもしれない。お姉ちゃんのほうはハサミで色紙を切り抜いて馬の顔を作っている。ほどなく画用紙の上に、厩舎にいる4頭の顔が並ぶ。

学校は苦手。大人と目を合わせて話すのも、まだちょっとつらい。でも馬を介すると、いろんなことができる。大人と話をすることもできるし、こんなふうに画用紙に自分の気持ちを表現することもできる。馬さえいれば、いつでもできる、どこでもできる。小学生の姉妹の背後には、とても大きな可能性が広がっている気がした。

午後2時半、今度は支援学校の子どもたちが集まりはじめる。主に小学校の低学年の子どもたちだ。やって来た順にヘルメットを装着し、次々と馬に乗る。なかには、ものおじする子もいるけれど、ほとんどの子が「我先《われ》に」という感じだ。

馬に乗った子どもたちは、馬術部OGのおねえさんたちに曳《ひ》いてもらって円形の馬場を2周する。途中で「背中をピンとして」とか「遠くを見て」とか、サイドウォーカーのおねえさんたちは、子どもたちにさりげなくアドバイスを与える。さらに「片手をぐるぐる回してごらん」とか言って、馬上でいろんな動きをさせる。

「馬の動きは複雑で、横と縦の動きが複合しているんです。だから骨盤が『８の字』を描くように動く」

「乗っているほうは、けっこう大変そうですね」

「馬の動きに合わせるには、姿勢を正しくするのが一番楽なんです。そのことを子どもたちは身体で覚えていく。馬に跨《また》がらせるだけで体幹が鍛えられるとか、インナーマッスルが鍛えられるとか、あと体感の統合とか、いろんな効果があるといわれています」

「みんな、ちょっと誇らしげですよね」

「やっぱり、ほかの子ができないことをやっているわけだから。そういう満足感や解放感があるんでしょうね。それが自信や自己肯定感にもつながる」

「子どもたちを乗せるのは、道産子のテンちゃんのほうがいいんですか？」

「サラブレッドは大きいから、小さな子どもたちはちょっと怖いかもしれないですね」

「こんなにたくさん乗せて疲れないですかね」

「かなり疲れているけど、ニンジンをもらえるから頑張ってる」

乗り終わった子どもたちは、みんなテンちゃんにニンジンをあげる。そして首のあたりを撫《な》でて「ありがとう」と声をかける。子どもたちもうれしそうだが、テンちゃんもうれしそうだ。いや、すでに自分が乗せた子どもたちのことなど忘れて、いまはひたすらニンジンを賞味しているといったおもむき。さすがは「馬耳東風」の面目躍如《めんもくやくじょ》である。

こうして馬という動物を身近に体験し、この動物のことを少しでも知ってみると、何げないことわざや慣用句に新鮮な味わいが伴ってくる。たとえば「馬の耳に念仏」にしても、馬の愚かしさを言ったものというよりは、馬の人間にたいする淡白さと、人間の馬に対する情愛の深さを、いくらか未練がましく表現したものではないだろうか。それほど馬というのは、人間からすると、ほんの一瞬の出会いによって深い気持ちになれる生き物なのだ。しかし彼らのほうは、人よりニンジンというわけで、どことなく不人情である。振り向いてくれない眷恋《けんれん》の人のことを「ばか、ばか」と言ったりするような案配で、「馬の耳に念仏」なのではなかろうか。

それにしても、なんというパワーと能力を秘めた動物だろう。午前中の不登校の姉妹といい、午後からの支援学校の子どもたちといい、馬に乗ったり触ったりするだけで、みんな笑顔になる。大小の困難を抱えた子どもたちが、本当に楽しそうに馬と触れ合っている。その光景に深い感銘を受ける。ここで目にしているものは、馬と子どもたちでなければ生み出せないものかもしれない。

馬上でバランスをとりながら体操をする児童。その様子を温かく見守る

　わたしたちは馬というと、まずサラブレッドを思い浮かべる。彼らは競走馬としてスピードに特化してつくり上げられてきた動物である。相手を負かすことを目的に育てられ、トレーニングされてきたものたちである。しかし馬の本当の魅力は、もっと別のところにある気がする。温かさ、やさしさ、繊細さ、表現の豊かさ……うまく言えないけれど、なにか全面的に寄り掛かりたくなるような親密さ。

　ところが馬のほうはというと、「馬耳東風」にして「馬の耳に念仏」なのである。あくまでクール、いくらこちらが想《おも》いを寄せてもベタつかない。1本のニンジンで簡単にリセットされてしまう現金さ。それでいて、こちらが喜んでいること、うれしがっていることを、ちゃんとわかってくれている。きっと悲しんでいることや苦しんでいることもわかってくれている……のだろうか？　どうも馬と人間の距離感には、絶妙にして語り尽くせないところがあるようだ。それが馬にまつわる成句の多さにもなっているのかもしれない。

テンちゃんは次々に子どもを乗せている。そのたびに、ご褒美のニンジンをもらう。すでに10人くらいは乗せているはずだ。子どもたちは後から後からやって来る。テンちゃんは疲れているけれど、ニンジンのために頑張る。ニンジンはかなり糖質の多い野菜である。肥満や糖尿病になったりしないのだろうか？　テンちゃんの体型と生活習慣病が、ちょっと心配だ。

第9章 人生を使いきる

片山　今年（２０２３年）の３月にドリームシグナルが亡くなりました。この馬は、２０２１年２月に角居さんが調教師を引退されて、奥能登の珠洲《すず》市にあるタイニーズファームという牧場を拠点に、引退競走馬たちのセカンドキャリアの創設に取り組みはじめたとき、最初に牧場に連れてきた馬とお聞きしています。

角居　もともと背中を痛めたことで乗馬としての活動ができなくなり、うちの牧場へやって来たのですが、今年２月に転倒して起き上がれなくなりました。壁を支えにして立たせたり、馬房《ばぼう》に滑車をつけて上から吊《つ》ったりもしましたが、残念ながら蹄葉炎《ていようえん》を患い、蹄《ひづめ》が取れそうになるまで悪化してしまった。治す手だてがなくなって、このままでは激痛を伴うことが避けられなくなったため、獣医さんに診《み》てもらい、安楽死をお願いすることになりました。

片山　蹄葉炎というのは、どういう病気なんですか？

角居　馬は運動ができなくなると血行不良を起こして、最後は蹄が脱落するんです。そうすると肉と骨の状態で歩かなきゃいけなくなるから、ものすごく痛いわけです。

　今回のドリームシグナルの死で、つくづく感じたことがあります。これまで、ぼくらは競走馬とともに光の当たる場所にいて、馬の死というと競馬の事故くらいしか見ることがなかった。そういう華やかな、いわば死とは縁のない世界でスポットライトを浴びたり、名誉を与えられたりして生きてきたわけですけれど、これからは馬の最期を看取《みと》るといいますか、やっぱり馬の死に関しても、ちゃんと知っておかなきゃならない。それを伝える責任があると思いました。現役調教師のころは、難しい馬主《うまぬし》さんとの付き合いとか、レースで結果を出さなきゃいけないとか、そういう苦しみでしたが、今回のケースでは、「こういう最期でよかったのか」「もっとやれることがあったのでは」と考えさせられましたね。

片山　何歳だったんですか、ドリームシグナルは。

角居　２００５年生まれだから18歳ですかね。

片山　馬の寿命としては長いほうなんでしょうか。

角居　サラブレッドは30年ほど生きるとされていますが、天寿を全《まっと》うできない馬がほとんどなので、18歳で亡くなった彼の生涯が長かったのか短かったのかは、判断しづらいところです。早過ぎたという気もしますが、一方で、ぼくのところへ来なければ、その時点で処分されていたでしょうから、2年くらいは長生きをしたと考えることもできます。いずれにしても馬の余生に携わろうとすれば、今回みたいな事例は次々に出てくると思うんです。だから、そういった情報を発信して、いろんな人の意見を聞きながら、みんなで考えていかなければならないだろうと思います。

片山　体重500キロの動物を看取るという体験は、普通ではちょっとありませんからね。人間の場合、安楽死はヨーロッパの国々を中心に少しずつ認められてきているものの、まだまだ議論の多い問題です。馬はどういう基準で安楽死させればいいのか？　ドリームシグナルのときは、すべて個人として判断を迫られたわけですよね。

角居　そうですね。いろんな批判もあるだろうけれど、じゃあどうすればよかったのかということを、一人ひとりに考えてほしいですね。

片山　ドリームシグナルの死について、とくに印象に残っていることってありますか？

角居　いま能登に連れていっている馬たちは、基本的に役割を終えた馬なので、これから人の役に立つような仕事はあまりできないんです。できても非常に限られている。そういう馬たちが、自然が豊かでのんびり暮らせる場所で余生を送る。美味《おい》しそうな草が山ほど生えていて、一日中、草を食べつづけることができる。すると、競走馬では見たことのないような健康的なうんちをずっとしつづけるんです。ドリームシグナルも最後は蹄葉炎でしたけれど、死ぬ直前まで健康なうんちをしていました。少なくとも、そんなにストレスはなかったので、立てなくなるぎりぎりまで食い気だけはあったんです。立って歩くことさえできれば、馬って結構、頑張って生きていけるんだなと思いました。ただ、いかんせん奥能登は雪の多いところなので、冬場は運動ができなくなる。いっぺんに70センチも積もると、厩舎《きゅうしゃ》から出ていけない日がつづく。腰も痛めていたので、雪の深いところでは運動したくないということもあって、さらに状態を悪化させたかもしれない。１カ月半ほど季節がズレていれば、対処の仕方も違って、もう少し長生きさせられた気もするんですが、それも含めて運命だったのかなと思います。

片山　馬の死がそうした自然のサイクルのなかにあることに、あらためて死の奥深さを感じさせられる気がしますね。

角居　馬の幸せというのも、考えてみると悩ましいところがあります。競走馬を引退して乗馬などの使役に用いられることが、馬にとって幸せなのか不幸せなのか。一方で、馬という生き物を知れば知るほど、骨格からして人を乗せるのにふさわしい構造になっているし、昔からずっと人のそばで、人とともに生きてきた動物なんだなと思うわけです。とても好奇心の強い生き物なので、おそらく馬のほうから人間に寄り添った面もあったでしょう。つくづく人の役に立つために生まれてきた動物なんだなあと、やっぱり感じるところがありますね。それだけに、最期をどうやって終わらせるのか。いろいろと深く考えるようになりました。

片山　競馬の世界で光の当たる場所を歩いてきた角居さんのような人が、いまは同じ馬たちの暗い影の部分を見つめようとされている。その点は、ご自分でどう感じておられますか？

角居　いま言われた影とか闇の部分を、ずっと暗いままにしておくと、おそらく競馬そのものが潰《つぶ》れるだろうと思うんです。少しずつでもいいから光を当てていく、オープンにしていくということをやらないと。馬たちの末路とか終末について、誰もが口を噤《つぐ》んでしまうことが一番の問題だと思います。

片山　北海道の生産牧場では、毎年かなりの数のサラブレッドが雷によって死んでいると話しておられたのが、とても印象に残っています。雷に打たれて死ぬんじゃなくて、音や光に驚いて無闇に走りだし、柵などに激突して死んでしまうということですよね。

角居　馬が死ぬ場合、事故とか病気とか怪我《けが》とか、いろんなケースがありますが、基本的に柵のないところで自由に生きていれば、大半の死は避けられた可能性があるなと考えてしまいます。柵がなければ自分で勝手に餌《えさ》をとって、雨風から隠れる場所や、野生動物から逃げられる場所もあったはずなのに、人間が柵で仕切ってしまったために、それができなくなった。人間が関与する以上は仕切りが必要だし、飼料を与えたり手入れをしたりといった作業が必要になってくる。そうした環境で馬が死ぬってことは、やはり人間が殺したってことになるんじゃないか。人間が100パーセント管理し、人に尽くしてくれる動物だからこそ、馬のことをもっと考えなければならないと思います。

片山　なるほど。

角居　そうはいっても、誰にでもできる仕事じゃないのも事実です。だからぼく自身、いい時機に引退したと思っているんです。70歳になってからでは、とてもじゃないが、やる元気はなくなっていると思うし、やっぱり60歳くらいがぎりぎりかなと。あと10年くらい頑張れば、少しは状況が変わってくる。いまのぼくと同じようなことを考える人が出てくるんじゃないかと期待しています。

馬をたすけ人をたすけ

片山　活動をはじめられて、まる2年が経過したわけですが、いまとくに感じられているのはどういうことですか？

角居　引退した馬たちを受け入れる場所というのは、ぼくたちが能登でやろうとしている活動のなかでは、たぶんマックス100頭くらいだと思います。1年間に4、5千頭の馬が処分されていることを考えると、同じような場所を40カ所くらいつくらなければならないことになります。そういう構想が必要になる。幸いなことに、と言っていいのかどうか、いま日本の各地で過疎化が進んで、「限界集落」と呼ばれる場所が増えています。そこに馬たちが余生を送る場所をつくっていく。余っている土地を見つけて上手《じょうず》に活用するといいますか。馬が生活していくためには、水道から水が出ないといけないわけでも、電気がいるわけでもありません。草はそこらに生えているし、とりあえず厩舎などなくても、林のなかに逃げ込むだけで馬が雨を避けられるような環境をつくっていくことはできます。普通の人が思っている以上に、馬は強い生き物なんです。本来の野生に近い状態で生きている馬のことがわかれば、少しずつ環境面でのハードルも下げていくことができるんじゃないか。その実例をつくろうとしているわけです。

片山　そうした活動と並行して、おばあさんが開設された輪島の布教所を守りながら、布教師としての活動もつづけておられますね。角居さんにとって、信仰といいますか、天理教の教えはどういうものなのでしょう？

角居　神様の御用に何かお役に立てれば、という思いですかね。まだまだ天理教の信仰者としては力不足で、「にをいがけ」という布教活動とか、病む人や悩める人に手を差し伸べる「おたすけ」という活動は全然できていないんですが、ぼくの場合は馬がいわば〝得意技〟なので、これを使って、人だすけにつながるアプローチができないか、試行錯誤している感じですね。いまのところ、まだ人間にまで行っていないにしても、馬をたすけることによって、馬が好きな人を間接的にたすけていくという面はあると思います。かつて、ぼくが調教したウオッカの活躍ぶりを見て、「元気が出ました」とか「励まされました」とか言ってくださる人がたくさんいた。そのときは意識しなかったけれど、いまから振り返ると、馬を介して人だすけにつながっていたのかなと思います。

あと、ヴィクトワールピサという馬のときも、東日本大震災の直後、ドバイで行われた国際レースで優勝したこともあって、「勇気をもらいました」「生きる力をもらいました」といった声がたくさん返ってきた。たまたま東日本で調教された馬だったので、被災した地域の人に喜んでもらえたということを耳にして、こんなことで人の役に立ったりすることもあるんだなと。だから、もっともっといろんな方法を探っていきたいと思っています。

片山　そうした感じ方の背景には、やっぱり天理教の信仰や教えがあるんでしょうか。

角居　人生のいろんなところで壁にぶつかったり、岐路に立ったりしたときに、一つの柱になったのは、やっぱり天理教の教えでしたね。だから自分のものの見方や考え方の主軸というか、基本的なところに天理教はあると思います。

片山　ぼくらに馴染《なじ》み深い宗教でいいますと、たとえば仏教の場合は、個々人の悟りというか境地を問題にしますよね。とくに禅仏教なんかだと無の境地とか、色即是空《しきそくぜくう》みたいなことを言って、自我や煩悩《ぼんのう》を捨て去ることを修行の眼目とするようです。キリスト教にしても、あまり主体性みたいなものに重きを置かずに、どちらかというと神の前に、自己をできるだけ小さくしていこうという傾きが強い気がします。これらの宗教と比べると、天理教って、なんて言うか、自分を積極的に生きるといいますか、我が身をこの社会でどう活用していくかとか、そういう教えのように思えます。

角居　そうですね。天理教では3カ月間の修養科（天理市の教会本部に設けられている修養機関）はありますが、それは入り口でしかなくて、あらゆるところが〝修行の場〟になるんですね。戒律もほぼほぼなくて、節度をわきまえればお酒を飲んでもいいし、もちろん妻帯も自由で、むしろ結婚して夫婦として生きることを推奨されています。要するに、最終的にはすべて自らの心で、教えに基づいて決めればいい。だから逆に、自主自律の修行として最も厳しいんじゃないかという気がします。親なる神様が望まれるのは、すべての人間が互いにたすけ合って仲良く暮らす「陽気ぐらし」の世界を実現することです。自分だけが満たされる陽気ぐらしではだめで、まわりの人もみんな幸せになるような陽気ぐらしを目指すようにという、そのための「互い立て合いたすけ合い」の生き方を教えています。

片山　その陽気ぐらしを、角居さんは馬を介してというか、馬を巻き込んでやろうとされている。そこに魅力を感じるんです。輪島の布教所で朝のおつとめをする姿を拝見して、それから珠洲市のホースパークで馬たちに接する姿を見せてもらって、二つの場所での角居さんのたたずまいが、全く同じように感じられる。神様に仕えることと、馬に恩返しをするというか、行き場を失った馬たちの世話をすること、その二つが重なって見えたんですね。

角居　そうですか。

片山　なにか非常に〝開かれている〟っていうか、風通しがいい気がするんです。ぼくは信仰の外側にいる人間だから、信仰の内部にいる人たちがどんなふうに考えているのか、本当はよくわからないところがあるのですが、ただ、信仰というのは閉じてしまうと、ろくなことにならないってことは、はっきり言えると思います。たとえばキリスト教の悪魔主義みたいなもの、つまり自分たち以外の異教をみんな「悪魔」と断罪して、最後には内部から「異端」というかたちで悪魔を析出《せきしゅつ》するみたいなことになる。スターリニズムなども同じですよね。信仰には、そうした怖さがあると思うんです。角居さんの場合は、馬という動物を介することで、そこがうまく開かれている気がします。

角居　もともと天理教の教えが、そういうものかもしれませんね。反省するための縁《よすが》といいますか、こういうことは日常的に気をつけなさいよという心がけの目安はあるけれど、戒律もないし生活上の縛りもない。だから、ぼくの〝得意技〟である馬を使って、人をたすける道をつくってもいいんじゃないかと思ったんです。

片山　角居さんは調教師として非常に大きく成功されて、馬が自分にお金や名声をもたらしてくれたという言い方をされています。だから馬に恩返しをしたいという気持ちはよくわかるんですが、そこに神様が絡んでくるところが面白いなと思います。スケールは全然違いますが、ぼくの場合も『世界の中心で、愛をさけぶ』という小説がヒットして、一時的に有名になったり、お金が入ってきたりしたんです。すると、なんだか収拾のつかない気持ちになって、とても居心地が悪かった。この成功は、どう考えても自分の力によるものではない。99・9パーセントは自分以外のものが介在している。この99・9パーセントをどう考えればいいのか？　ということで、とりあえず〝文学の神さま〟のせいにすることにしました。文学の神さまが、富くじみたいな感じで、箱のなかから1枚のあたり札を取り出した。それが、たまたまぼくだった。だから文学の神さまに応《こた》えなきゃと思って、「よし、これからは神さまに満足してもらえるような作品を書いていこう」と決意したわけです。それが本を買ってくれた読者への恩返しにもなるだろうって。まあ、神さまに満足してもらえたかどうかはわかりませんが、少なくとも読者は満足しなかったみたいですね。その後の小説はさっぱり売れていませんから……。

つまらないことを喋《しゃべ》ってしまいましたが、角居さんの場合はどうですか？　神さまとの関係というか。

角居　どうでしょうねえ。競馬で奇跡的な勝ち方をすることがあるんです。勝てるはずのないレースに勝ったりとか。そういう場合、信仰に引きつけて言うと、〝天理の神さま〟に守られているという感じになるのかもしれませんね。

老いと死を見つめて

片山　話を馬のことに戻しますと、たすけなければならない馬が毎年４千頭も５千頭も出てきて、角居さんの牧場で引き受けることができるマックスが１００頭ほどだとすると、単純に計算して全国に40～50カ所、同じような施設をつくる必要がある。現実にそうなれば、日本の社会は確実に変わる気がします。先ほど言われた「陽気ぐらし」に近い社会になるかもしれない。そういうふうにイメージを膨《ふく》らませていくと、何かしら、あるべき社会の姿というか、明るいビジョンを思い描けそうな気がします。人と馬、人間と動物の関係が変わっていくことは、そこに至る過程で、いろんなものが変わっていくだろうと思うんです。その一つの道筋というか指標として、角居さんたちがやろうとしていることは非常に意義がある、未来性があると思います。ちょっと口幅《はば》ったい言い方ですけど。

角居　そんな大それた話じゃないんです。ただ、なにか人や社会のたすけになればと。

片山　いや、けっこう壮大な話だと思いますよ。街のなかに馬がいる。空港や駅にピアノが置いてあるように、公園や河原で馬が草を食べている。誰でも近づいていって、触《さわ》ったり餌をあげたりすることができる。そういう情景を想像すると、その社会はずいぶん気持ちのいい、暮らしやすいものになっている気がします。

角居　こんなことを言っていいかどうかわかりませんが、いまは管理しやすいように、子どもは子ども、高齢者は高齢者、障がい者は障がい者、健常者は健常者というふうに分断されていますよね。でも本当は、一つのコミュニティにみんなが集う、いろんな人が会するというのが、あるべき社会の姿だという気がします。その場合、何かテーマがないと集まりにくい。だったら、馬を介して一つのコミュニティをつくってもらえたらというのが、ホースコミュニティを立ち上げたベースにあるんです。馬のコミュニティじゃなくて、馬を介して、いろんな人たちが集まってくるコミュニティをつくりたいと……。

片山　現代の社会は本当に、みんなバラバラで、人と人、世代と世代が分断されていますよね。ぼくたちが子どものころには、一つの家に3世代が一緒に暮らしているのは珍しくなかったけれど、いまは高齢者は早くから施設に入ってしまうし、病気の人は病院に入るし、子どもは子どもで、物心ついたころからスマホを与えられ、仮想現実みたいなところにどんどん入り込んでいっている。ぼくは長いあいだ、友だちがやっている学習塾で週に1回、中学生に勉強を教えているのですが、いまの子どもたちって虫1匹で大騒ぎするんですよ。男子も女子もなく、みんなギャアギャア言っている。ぼくの目には、かなり異様な光景に映るんですが。とにかく虫っていうと、ハナから毛嫌いする。親たちからして、まず駆除や排除ってことを考える。そのくらい、子どもと自然との関わり方がいびつになっている気がします。

角居　虫だって、なんらかの生き物の餌になっているわけですからね。昔は庭先でニワトリを飼っていると、そこにいる虫などを捕って食べてくれていた。そのニワトリを殺して人が食べるというサイクルが日常的にあった。本来、自然というのはすべて循環しているわけですが、そんな当たり前のことがわからなくなってきている。自然の営みが、どれだけ大切かということが見えていない。だから、生きているものは本当に尊いとか、大切だとかという感覚が、いまの若い人や子どもたちになかなか実感として伝わらない。

片山　ぼくは人が人に何かを教える時代は、もう終わったんじゃないかと思っているんです。いま学校で教えられていることの大半は、生成ＡＩにも教えられると思います。だからチャットＧＰＴが出てきたときに、大変だ、教育の危機だって現場は大騒ぎになったわけでしょう。でも本来、教育というのは、徳育・知育・体育といって、三つがバランスよく育《はぐく》まれるのが理想です。親も先生も学力テストのことしか頭にないから、チャットＧＰ

Tくらいで大騒ぎをする。せいぜい三本柱の一つに過ぎないのに。残りの二つ、徳育と体育は、情操や健やかな心身の問題だから、まさに馬の出番ですよね。

角居　今回のドリームシグナルの死でも、体重500キロの動物が死ぬという事実に直面して、死というものがすごく身近になった気がします。いまは自分の肉親の場合でも、なかなかその死に直面できなくて、病院で亡くなってから会いに行くとか、とくにここ数年は新型コロナのせいで、大切な人の死に目にすら会えないということが多くあった。人の死を体験できないというか、人の死にふれる機会がなくて、それについて学ぶ機会がないから、安易に人を殺《あや》めたりするような、人の命を大切に扱えないという悪循環に陥《おちい》っているんじゃないかと思うんです。

ぼくにとって身近な馬の場合でも、その最期は見えないものになっている。馬がどうやって死ぬのか、何十年も馬の仕事をしていたぼくだって、十分に知っているわけではない。それが今回、自由に走ったり餌を食べたりしていた馬が病気にかかって、たった2、3カ月で死んでしまう。言い方は良くないかもしれないけれど、そういう厳粛な現場を、ぜひ多くの人に見てもらいたい、知ってもらいたいという気がします。その死も含めて、馬という動物が身近にいることが、馬を介した人々のコミュニティの大事なベースになると思っています。

片山　生があれば死があるという、当たり前のことが本当にわからなくなっているんですね。頭ではわかっていても、実感が伴わなくなっている。ちょっと話は逸《そ》れますが、角居さんたちの活動で面白いなと思ったのは、馬の糞《ふん》を堆肥にして使うということです。ドリームシグナルのように、馬が年老いたり病気になったりして、もう何もできなくなって、牧草を食べるのが精いっぱいという状態でも、草を食べて健康なうんこをしている。それが、たとえば畑に還元され、できた野菜や穀物を人間が美味しく頂くというデザインは、とてもいいと思います。すべての使役を失って、無益に草を食《は》んでいるように見える馬でも、自然のなかに組み込んでやれば、大事な役割を果たしているということですよね。

角居　昔はそういうのが当たり前だったんですけどね。馬が日常的に飼われていたころは、農業の担い手として馬も人と一緒にいて、そのなかで馬のうんちも肥料化されてというふうに、いまＳＤＧｓと呼ばれているようなものが一軒の農家のなかで完結していた。非常に見事なというか、健全な世界がかつてはあったのに、いまは臭いがするとか汚いとか、あるいは鳴き声がうるさいとか危ないとか、負のところばかりをピックアップするものだから、うんちは必要ない、畜養は生活圏から離れたところで、ということになる。一方で、肉と卵はたくさん必要ですというふうに、必要なものとそうじゃないものを分けてしまって、野菜や米だけ作るとか、卵や牛乳や精肉だけを生産するとか、それぞれ専業になっている。そうなると、うんちは必要とされないから、これまた専門の業者が処理する。昔は面倒なことも一つの世帯でまとめてするから、自然の循環によって、おのずとSDGsみたいなことが実現していたわけですが、いまはかなり難しい。だから、馬糞を土にすき込んで作った野菜を「オーガニック」という付加価値をつけて販売するとか、そういうやり方もありかな、と思っています。

片山　ドリームシグナルの話じゃないけれど、ぼくも64歳になって、だんだん自分の年齢を自覚するようになってきました。若いころは実感がなかったけれど、歳《とし》をとる、老いるというのは、やっぱり非常に厄介なことですね。いまや人生90年とか100年とかいわれる時代に、最後まで自分に愛想をつかさずに付き合っていく、老いや衰えと上手に付き合っていくことを考えると、ホースセラピーとかアニマルセラピーとか、角居さんたちがやっておられるホースコミュニティをはじめとするさまざまな活動から、多くの示唆を得られる気がします。人は誰でも、最後は社会的になんの役にも立たない、無用なものになっていく。ただ他人に世話され、面倒をかけるだけのものになっていくわけですが、そうした自分をいかに受け入れていくか。馬や動物の生きざま、死にざまを通じて学ばせてもらうところが多々ある気がします。

角居　長生きしても30年という、人間からすると3分の1以下という馬の一生は、小さな子どもでも、その最期の瞬間を見られるんですね。そんななかで、なお漠然としている老いや死というものを、少しは実感しやすくなるだろうし、役目を終えて死んでいく馬を人間が支えなくちゃならないということも、たぶん子どもながらに理解すると思うんです。老いそれを人の社会でやろうとすれば、自分の親が亡くなるまでに50年かかってしまう。老いから死に至る過程が長過ぎて、たすけ合うとか支え合うという体験が生まれにくいと思います。

片山　馬という非常に魅力的な動物を介して、楽しみながらというと語弊があるけれど、触れ合いや世話をする喜びを感じながら、老いや死といったことを含めた、総合的な教育というか、人間的な体験ができればいいなと思いますね。学校などで老いや死を教えようとすると、どうしても観念的で堅苦しいものになってしまう気がします。また日本人の場合は圧倒的に病院で死ぬケースが多いから、そういう場面をテレビなどで見ても、ベッドの上でチューブにつながれて酸素吸入を受けて、といったネガティブ（否定的）なイメージにしかつながらない。でも奥能登のような豊かな自然のなかで、1頭の馬の死を看取るということになると、大きな生命の循環にふれるとか、命の儚《はかな》さ、あっけなさも含めて、死の別の側面が見えてくる気がします。

角居　とにかく体重が500キロもあると、人間の力ずくでは動いてくれない。しかし、意思の疎通ができれば、馬に跨《また》がって目的地へ早くたどり着けるとか、人の役に立ってくれる。いろんなかたちで協力してくれる。そういう動物だと感じ取るだけで、たぶんセラピーは成立すると思うんです。

片山　1頭の馬を世話して、最後まで看取るというのは、毎日の餌やりとか糞尿の処理とか掃除とかを含めた、馬との付き合いそのものだと思います。馬だけじゃなくて、犬でも猫でもそうだけれど、その〝まるごと感〟っていうか、やりたくないことや面倒くさいことも含めて付き合っていく。そこがとても大事な気がします。しかも体重500キロという、自分よりもはるかに大きな動物と、そういう関係を築いていくわけですからね。

角居　そうですね。生き物なので365日、手間がかかる。厩舎を運営していると、いつも誰かが馬の世話をしなければいけない。普通の会社みたいに、社員が一斉に休んで旅行に行くみたいなことはできません。

一方で、ぼくも調教師のころは厩舎で寝泊まりをしていましたが、馬というのは思いきり寄り掛かれるというか、本当に人間がもたれ掛かっても大丈夫な動物でもある。そして、人よりも1度だけ体温が高いので、抱きしめると、ちょうどいい温かさというか。寒い地域の人ほど馬好きといわれるんですけど、馬に身体《からだ》をくっつけていると気持ちがよくなる。そういうところも、たぶん人と馬の関係のベースになっているんだと思います。

片山 現在、奥能登で取り組んでおられることに関して、角居さんは、サラブレッドとしての使役をすべて失った馬のDNAを、本来の馬のDNAに戻してやるという言い方をされました。そのことが、ずっと頭に引っかかっています。つまり、使役をすべて失った人間の場合はどうだろうかって。ぼくたちは本来の人間のDNAに戻って死ぬことができているだろうか？　どうも人間性を剝奪《はくだつ》されたところで死を迎えるケースが多いように思うんです。入院すれば病人として扱われるわけだけれど、それ以前に、ぼくたちは人間なわけで、誰だって人間らしく、人間のDNAに戻って死にたいはずです。だから角居さんのメッセージは、馬だけの話ではないと思います。人間の本来のDNA、人が人であるとはどういうことなのか、テクノロジーの激烈な進歩に押し流されて、人間そのものが危うくなっているいまの時代にこそ、ちゃんと考えなきゃだめだと思います。

第10章 馬と人、それぞれの間合い

日本では「ホースセラピー」や「アニマルセラピー」という言葉が定着しつつあるが、海外では「馬介在療法（Equine-assisted therapy）」とか「動物介在療法（Animal-assisted therapy）」といわれる。さらに正確を期すとなるとややこしい。まず動物との触れ合いがもたらす恩恵を福祉、健康、教育などに生かそうという試みを総称して「動物介在介入（Animal-assisted intervention）」という。そのなかで、医療や心理などの専門家の管理のもとで「治療」として行われるものが「動物介在療法」。高齢者施設や病院への訪問活動など、主に楽しみや喜びをもたらすことを目的としたものが「動物介在活動（Animal-assisted activity）」。さらに、動物との関わりを通して命の大切さを教えたり、学習意欲を高めたりするといった教育的要素の強いものは「動物介在教育（Animal-assisted education）」と分類されている。

角居の話にもあったように、日本のホースセラピーの現場は、メンタルケアを中心としたもの、知的障害や発達障害を対象としたもの、身体障がい者の身体的機能の改善を目指したもの、高齢者を相手にしたもの、といった具合に、ジャンルも違えばやり方も違う。統一的な基準やルールは全くない。これは海外から学んだメソッドを、そのまま日本の現場に持ち込んだことの弊害かもしれない。その結果、ホースセラピーを学びたくても、ど

子どもたちは馬との触れ合いを通して、さまざまな経験を得る

こで何を学べばいいのかわからない。いざ学びはじめてみると、自分が求めていたものと違っていたりすることもあるだろう。

またヨーロッパなどのホースセラピーでは、何人か乗せたら必ず何時間か休ませるとか、何日かに1回は放牧してリラックスする環境を与えるといったことが、ルールとして決められている。しかし日本にはこうしたものがないし、ルールを決めるための組織や仕組みもない。馬を放牧する場所のような環境も整っていない。将来、本格的にホースセラピーを導入するならば、日本でも馬を守るためのルールを作っていく必要があるだろう。ストレスを溜《た》めた馬をメンテナンスする人も必要になってくる。

2023年4月から天理大学で開設されたホースセラ

ピーの講座では、獣医師、理学療法士、作業療法士といった各分野の専門家に、馬を扱う専門家として角居も加わり、講師を務める。まずは総合的にホースセラピーを学べる場をつくろうというわけだ。すでにホースセラピーを行っている団体にも加わってもらい、交流の機会を提供できればという目論見《もくろみ》もある。

「乗せる人の症状とか体重、大人なのか子どもなのか高齢者なのか、それによってセラピーに使う馬は何頭、何種類必要なのか、これからの課題だと思うんです。競走馬としてサラブレッドがつくられてきたように、人工的な交配によってホースセラピーに向いた馬の生産をやっているところもあります。そういう人たちとも協力していけたらなと思っています」と角居は抱負を語る。

すでに何度もふれてきたことだが、日本の馬文化は競走馬が中心で、馬といえばほとんどがサラブレッドである。競走用の馬として進化してきたサラブレッドが、すぐに一般の人を乗せられるかといえば、それは無理だろう。もともと走ることに特化した動物だ。人を乗せると自動的に「走る」というスイッチが入ってしまう。しかも走ることに関して、彼らはF1マシン並みの性能を備えている。

おまけにサラブレッドの体高は160~170センチもある。ポニーと総称される体高

147センチ以下の馬と比べるとかなり高い。テンちゃんのような道産子《どさんこ》の場合はさらに小さくて、125～135センチくらいである。だから小学校低学年の子どもでも怖がらずに乗れる。逆に、体重が80キロも100キロもある大人だと、ポニーには負担が大きいだろう。馬にも向き不向きがあるのだ。

「ホースセラピーに使う馬って、必ずしも人を乗せる必要はないんです。とくに不登校やひきこもりなどのメンタルケアを考える場合は、馬に触れたり馬の世話をしたりするだけで効果があるので、それぞれのニーズに合わせて馬を使ってもらえればいいと思います」

なかでもサラブレッドはメンタルケアに向いている、というのが、この馬を何十年も扱ってきた角居の持論である。感受性が豊かで、ちょっとした人間の行動に対して、なんらかのリアクションをしてくれる。ひきこもりやうつの人は、自分から能動的に表現しないかわりに、相手の反応に敏感だ。だから馬のリアクションに対しても心を動かされやすい。この馬は何か感じてくれている、自分のことを理解してくれている、といったところからコミュニケーションが生まれていく。

現に、わたしが出会った不登校の姉妹も、学校には行けないけれど、馬の世話をするために馬術部の厩舎《きゅうしゃ》へはやって来る。そして、自分から進んで馬房《ばぼう》の掃除をしたり、馬の手入れをしたりする。学校へ行くのは難しい、人が苦手で家に引きこもっているような子も、馬のためなら頑張れる。ひょっとすると彼女たちは、肉食獣の群れのなかに放り込まれた草食獣のような気分で、この世界を生きているのかもしれない。だから同じ草食獣である馬たちと、気持ちを通い合わせることができるのではないのだろうか。

試みははじまったばかりだ。これからいろんなことを模索しながら、みんなでつくり上げていこうという段階である。引退した競走馬を救うということではじめた角居の活動は、ようやく本格的なスタートラインに立った。元調教師にして現役布教師の肩書は増えるばかりだ。まさに八面六臂《はちめんろっぴ》の活躍だが、奥能登での多忙な日常を目《ま》の当たりにしてきただけに、いったいどこまで行くつもりだろう、毎日の睡眠時間は足りているのだろうか、などといらぬ心配をしてしまう。

そんな角居は、今週もホースセラピーの講義をしている。受講者は20人ほど。天理大学の学生のほかに、臨床心理や生涯学習などの仕事をしている一般の人たちも参加している。今回は馬術部の厩舎を使っての実習である。馬の世話ということで、ブラッシングや馬房の掃除などを体験してもらう。

なんだ、不登校の姉妹がやっていたことじゃないか。その通り。でも彼女たちは馬術部OGのおねえさんたちに助けてもらって、できることをやっていたに過ぎない。実習では最初から自分たちでやってみる。まず馬房のなかの馬をつかまえる。さらに馬房から引っ張り出す。これがなかなか大変だ。相手は気性の荒いサラブレッド、噛《か》みついたり蹴《け》ったりするのは日常茶飯事である。まず大事なことは危険回避。体重500キロの草食獣から、いかに自分の身を守るか。これを速やかに習得する必要がある。さもないと大怪我《けが》をしかねない。「おうちをきれいにしてあげるからね」とか「ブラッシングして毛並みを整えてあげるよ」といった、こちらの善意や好意は、先方には通じていないと考えておいたほうがいい。

「ええと、馬は基本的に人間の目線で進みます。馬に向かってほしい方向に、まず自分の身体《からだ》を向ける。彼らからすると、人間は〝肉食獣〟です。前面に目が二つ並んだ顔の構造は、獲物を狙《ねら》う動物に見えてしまうんです。正面から向き合うと、馬は恐怖を覚えて止まったり逃げたりする。だから馬と正対してはいけない」

まさに目からうろこ。「やあ、こんにちは！　ご機嫌いかが」などと、いくら友好的なムードでニコニコしながら近づいていっても、馬たちからすると、われわれは肉食獣なのである。たしかに昨夜は豚しゃぶで酒を飲みました、などと反省しても遅い。この日、この顔がＮＧなのである。まさに取り返しのつかない肉食獣の面《つら》なのだ。

「馬を叩《たた》くときは4段階で叩きます。1、2、3、4でフェーズ4が最大」

角居は鞭《むち》を持って、実際にそこらのものを叩いてみる。かなり大きな音がする。近くに繋《つな》いである馬が緊張してビクッとする。鞭の先は平たい靴ベラ状になっている。わざと大きな音が出るようにしてあるのかもしれない。

「叩く作業のなかで、フェーズ4をだんだん弱くしていきます。弱く叩いても言うことをきくようにしていく。強く叩きつづけると馬は慣れてしまうんです。鞭を使ってもいいけれど、決して懲罰《ちょうばつ》的な叩き方をするのではなく、弱く叩いても言うことをきいてくれる馬にするのが理想です」

元調教師の言葉はあくまでも実践的である。いい意味で泥臭い。現場で培われてきた言葉だなと感じる。このあたりが、たんなる馬愛好家、動物愛護の人との違いかもしれない。厳しさを含めて、馬とのスタンスや距離感に曖昧《あいまい》さがない。やはり長年、馬を調《ととの》え、トレーニングをしてきた人である。

天理大学の講義で、馬具の説明とともに実演する　(写真＝小平尚典)

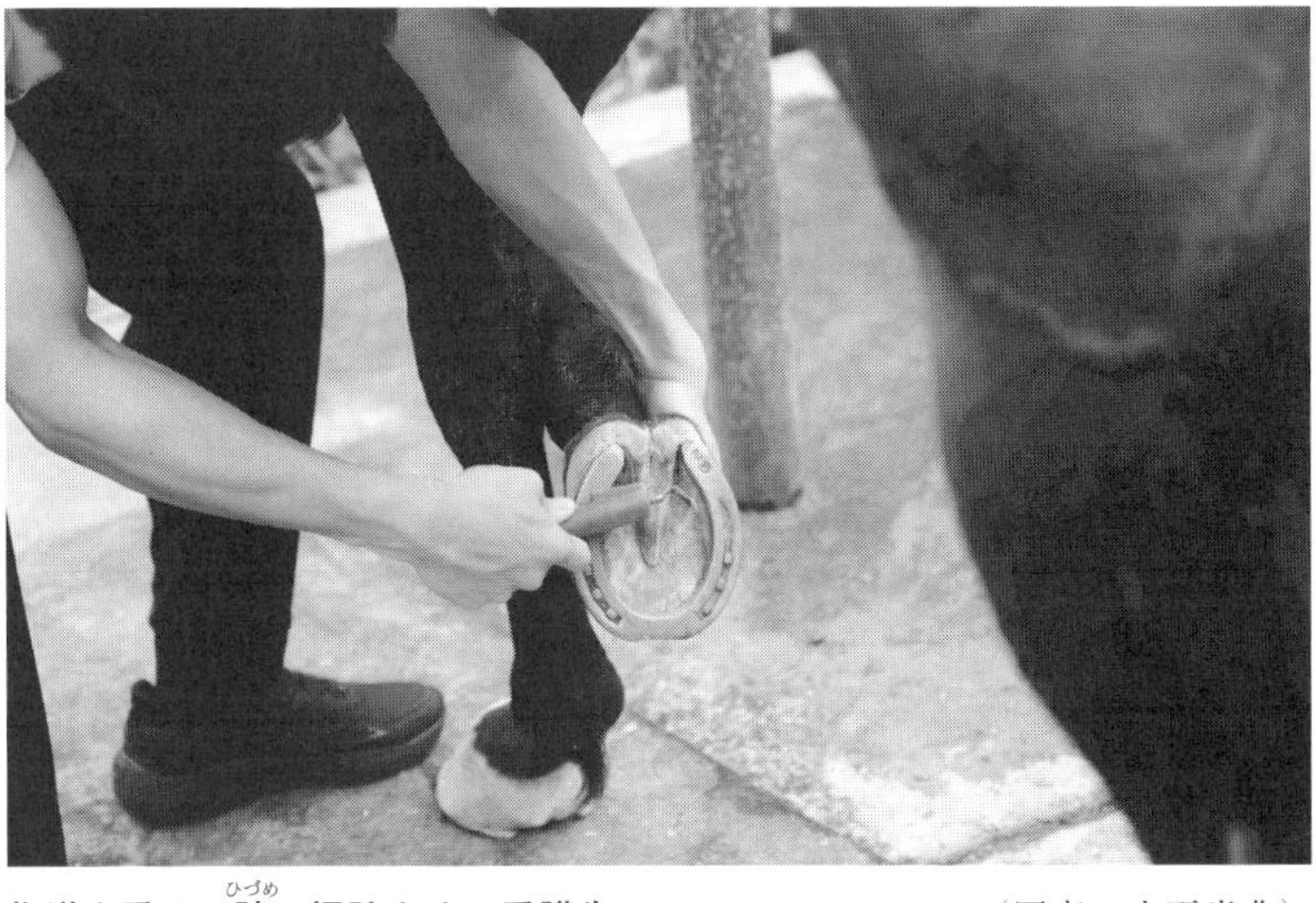

指導を受け、蹄《ひづめ》の掃除をする受講生　(写真＝小平尚典)

「馬と接するときは自信をもって、強い意思をもって。馬は相手の角度、立ち位置、ポジションなどを敏感に認知します。それぞれの馬が自分のパーソナルスペースをもっています。馬によって違うんです。その馬のパーソナルスペース、距離感を見つけることが大切です。そうして、馬も人間も自分のパーソナルスペースを守る」

なんだか剣道の間合いみたいな話になってきた。剣道でも、自分の間合いで攻めつづけることが大切とされる。不用意に相手の間合いに入ると打たれる。馬の場合は蹴られる。

「馬房は馬のテリトリーです。まず目を合わせて、馬を下がらせる。いきなり入ると、こちらが目を逸《そ》らせた途端に蹴られることがあります」

ほらね。馬との付き合いは、いつもどこか真剣勝負。いくら懐《なつ》いているように見えても相手は草食獣である。一方、こちらは顔のつくりからして肉食獣だ。そんな人と動物が、走らせるだけではない、使役するだけではない、いわば持ちつ持たれつの関係をつくり上げていく。言葉をもつ人間だからこそ、言葉をもたない動物と対等に付き合うことができるのかもしれない。そんな魔法をかなえる場所。この古びた馬術部の厩舎は、じつは夢のような場所なのかもしれない。

「馬の腹の下に入らない。後ろに立たない。馬の動きに対応できるように常に中腰で作業してください」

角居の言葉通りに、スタッフは馬の爪を掃除している。脚《あし》を持って、蹄《ひづめ》に溜まった泥を掻《か》き出してやる。たしか「テッピ」といった。道具の名前は覚えたけれど、自分でやるには勇気がいる。

「馬の手入れをしているときの怪我って多いんです。トレセンの厩務《きゅうむ》員でも、よく怪我をします。一応、労災にはなるんですけどね。身体《からだ》の外側で受ける。身体の内側で馬の攻撃を受けないように」

言葉がいちいちリアルだ。先ほど実践的と言ったけれど、「実戦的」と言い直したほうがいいかもしれない。やっぱり爪の掃除はスタッフにお任せして、当方はブラッシングをやってみよう。手にしたブラシ、たしか毛ブラシというんだった。毛並みを整えるための道具だ。

「ブラッシングには、きれいに清潔にするというグルーミングのほかにも、スキンシップやコミュニケーションの意味合いもあります。どういうふうに触《さわ》れば馬は喜ぶか、馬が気持ちいいと感じるところはどこなのか。腹とかは嫌《いや》がりますから、あまり触らないほうがいいでしょうね」

少しずつ要領がわかってきたぞ。馬に触ることにも慣れてきたので、身体のあちこちを大胆にブラッシングしてやる。なんだか、こちらの心までブラッシングされているみたいだ。馬をブラッシングしているのか、馬にブラッシングされているのかわからなくなる。きっとこうした体験が、ホースセラピーの核にあるものなのだろう。それは人と馬が、お互いをグルーミングし合うことだ。わたしたちは自分によって自分を癒やすことはできない。誰かを、何かを癒やすことで、自分も癒やされていく。馬によって、馬を通して、人もまた健やかになっていく。人が生きる社会も健やかに育っていく。

エピローグ

このところ猫や犬といった動物を題材にしたテレビ番組、山や旅をテーマにして自然や伝統的な暮らしを紹介する番組が増えている気がする。わたしなども好んで、その手の番組を視聴するほうだ。というよりも、漫然と眺めている。ニュースでもグルメ番組でも、人間が出てくるとチャンネルを変えたくなる。人の喋《しゃべ》る声が煩《わずら》わしい。

人に疲れているのかもしれない。人の言葉にも疲れている。言葉をもつ動物であることに疲れ、言葉によって意思表示しつづけなければならないことに疲れている。たまには言葉のないところでぼんやりしていたい。動物や自然を素材にしたテレビ番組が増えている背景には、そんな時代の空気があるのかもしれない。

コミュニケーションツールに特化し、電脳空間を2進法の情報として超高速でやりとりされるコトバ。そこで競われるのはスピードであり、競争相手に先んじるための知恵と能力である。最初にゴールにたどり着いた者は、貨幣というかたちで多大な報酬を得る。その一方で、近代の輝かしいシンボルとされてきた「自由」や「平等」は、インフレ下で紙《かみ》屑《くず》同然となった通貨のように価値を失っている。「友好」も「平和」も、軍事力や経済力がものをいう世界で都合よく使いまわされる空手形に過ぎず、もはや唱えるだけ空《むな》しい、といった気分で多くの人が生きている。

サラブレッドをつくり上げてきた人間が、サラブレッド化しているのではないだろうか。いや、むしろ人間のほうが、より深刻にサラブレッド化しているのかもしれない。熾烈《しれつ》な生存競争の世界にあって、肉食獣としての側面を全面化させている。現在の世界の情勢を見ていると、そんな気がしてならない。競走馬の世界の光と影は、さらにコントラストを強めて、わたしたちの世界そのものでもあるだろう。

どうすれば人と人がいがみ合わずに、陽気に暮らしていくことができるのか？　奥能登でふれた元調教師の言葉が甦《よみがえ》ってくる。サラブレッドのＤＮＡを馬本来のＤＮＡに戻してやるように、サラブレッド化したヒトのＤＮＡを、人間本来のＤＮＡに戻すことはできないだろうか？

命あるものを育《はぐく》みたい、慈しみたい、というのは人間の基本的な欲求である。まさに人間のＤＮＡの核にあるものだ。だからわたしたちは、生まれたばかりの赤ん坊だけでなく、ベッドの上でただ死を待つだけの、「人としての使役をすべて失ったもの」を放っておけないのである。

馬は言葉をもたない動物であり、臆病で警戒心が強いとされる草食獣である。一方で、５００キロからの体躯《たいく》をもつ彼らは、老いてもなお破壊的な力を秘めている。だから扱うほうにも、それなりの経験値やデリケートなマナーが要求される。人間同士の関係にあっても、お互いを〝草食獣〟として遇するようなマナーが求められているのではないだろうか。なぜなら、わたしたちの誰もが、かつては生まれたばかりの無力な赤ん坊であり、最後もやはり無力なものとして死んでいくからである。

そこに人間として至上なものがありはしないか？　何万年も昔から、人間は仲間の死骸を埋葬し、花を供えつづけてきた。無力にして無用なものに、目には見えず、手で触れることのできない価値を見いだしうることが、人が人であることの所以《ゆえん》であり、人間の本来のＤＮＡなのである。いまや70億とも80億ともいわれる人類は、狭い仲間や同族の囲いを抜け出し、多様で複雑化した世界を生きている。だからこそ、人間として本来のＤＮＡに立ち返ることが一層求められているのではないだろうか。

人と人ではまだ難しい。人種、宗教、国家など、乗り越えねばならないいくつもの壁がある。しかし奥能登で、また大学の厩舎《きゅうしゃ》や馬場で、角居たちが取り組んでいることを見ていると、「ああ、これが『陽気ぐらし』というものかもしれない」と感じられる場面が幾度もあった。そのたびに、未知の可能性が目の前にひらかれるようだった。人と馬の世界は相通じている、と強く感じられる瞬間だった。

〈了〉

あとがき

初稿のゲラに手を入れて返送したのが去年（2023年）の暮れ、年が明けて、元旦の最初の仕事は、この本の「あとがき」を書くことだった。とりあえず書き終えて、明日また手を入れようと思っていた矢先、能登《のと》地方を震源とする大規模地震が起こる。速報では輪島市の震度が7、珠洲《すず》市が6強と伝えられる。

真っ先に角居さんたちのことが頭に浮かんだ。本文でもふれたように、彼が活動の拠点としている布教所は輪島市にあり、馬たちのいる牧場は珠洲市にある。いずれも地震による被害がいちばん大きかったところだ。角居さんは大丈夫なのか？　牧場にいるスタッフや馬たちは？

その後も、情報は断片的にしか入ってこなかった。とりあえず角居さんに怪我《けが》はなく、布教所は建物のなかが相当な被害を受けたものの、倒壊は免れたことがわかった。1月5日には、公式サイトからホースパークの様子が伝えられた。それによると、設備に大きな被害が出たものの、スタッフも馬たちも無事ということで、ひとまず胸をなでおろす。

SNSには地震発生直後の写真も何枚かアップロードされている。驚いたのは、牧場の馬たちがいつもと変わらず餌《えさ》を食べている様子だった。建物の倒壊や落下のおそれがあるので、地震発生後に馬を厩舎《きゅうしゃ》から出して馬場に放し、さらに翌日には放牧地へ移動させたという。こうしたスタッフの迅速な対応、とくに馬たちをストレスのない環境に置き、リラックスさせたことは大きいだろう。

それにしても馬の強さ、逞《たくま》しさはどうだろう。写真に添えられた文章によると、地震当日の夜こそ落ち着かないようで、みんな固まり合っていたが、翌朝には元気に朝ご飯を食べていたという。ボロ（糞《ふん》）もしっかりしていて、ひと安心というコメントも付いている。なるほど写真の馬たちは、冬用の馬服《ばふく》を着せてもらい、もりもりご飯を食べている。

いま一度、「馬耳東風」ということわざを思い起こす。大きな余震のつづくなか、人間にとっては極限とも言える状況を、春風のごとく受け流してしまうしたたかさを、どうやら馬たちはもっているらしい。たしかに草食獣である彼らは怖がりであり、警戒心が強い。それは野生のなかで生き残っていくために必要な能力だ。しかし今回の地震で、わたしたちは図らずも馬の別の面を知ることになった。

それは彼らが、災害にとても強い動物であるということだ。たんに地震に強いというよりも、非常時に対応できる能力をもっている。まず人と違って居住のための建物がいらない。地面に生えている草を食べるから、とりあえず食料も大丈夫だ。もちろん電気もいらない。極端に言えば、水さえあれば勝手に生きていける動物なのである。

柳田國男の『遠野物語』のなかに、馬と夫婦になった娘の話が出てくる。娘は馬を愛して、夜になると厩舎で寝ていた。それを知った父親は、ある日、馬を連れ出して桑の木に吊《つ》るして殺してしまう。娘は驚き悲しんで、死んだ馬の首に取りすがって泣いた。父親は怒って、斧《おの》で馬の首を切り落としてしまった。すると娘は、その首に乗って天に昇っていった――。

馬という動物をよくとらえている気がする。ほかの動物では、たとえば犬や牛では、この物語は成立しないだろう。馬は首を切り落とされても、自分を愛した娘をその首に乗せて天に連れていく。馬にはそうした不思議な力があることを、昔の人たちは直感していたのかもしれない。

この不思議な力を、今度の震災でも、必ず馬たちは発揮してくれると思うのである。誰が見ても復興の道は険しい。珠洲はもともと過疎化に悩まされていた地域である。観光によって町おこしを図っていた輪島は、観光名所であった「朝市通り」周辺が火事で焼け、

「輪島塗」の工房や店舗も壊滅的な被害を受けた。さらに石川県内のほとんどの漁港が、地盤の隆起や、防波堤、岸壁、臨港道路の損傷などの被害を受けたと伝えられる。

何もかも失われたように見える場所で、馬は一つの鍵になるのではないか。この強さとやさしさをあわせもつ動物は、復興のシンボルであるとともに、観光や農業を再生させるうえで、活動の核となっていくだろう。そうなることを願わずにはいられない。

最初に角居さんにお会いしたのは、去年（２０２３年）の3月である。天理大学の馬術部でホースセラピーの準備をされているところだった。そのときに、馬たちともはじめて身近に接することになった。以来、天理大学をはじめ、滋賀県栗東《りっとう》市のトレーニング・センター、石川県の輪島、珠洲と取材を重ねた。そのたびに、馬たちのなんとも言えない魅力に心を奪われた。また角居さんの人間的な魅力にも引き寄せられた。

馬にも角居さんにも、会うたびに離れがたい親近感をおぼえてしまう。馬が角居さんに似ているのか、角居さんが馬に似ているのかわからない。ともに物静かで、控えめで、それでいて温かくやわらかいものが感じられる。馬についても競馬についても全く予備知識なしで引き受けた仕事だったけれど、資料を読みながら、どんどん深入りしていった。

そして今回の地震では、あらためて角居さんのゆるぎなさ、前向きな姿勢に心打たれている。この逆境にあっても、彼の未来を構想する力は少しも鈍ることなく、のびやかで明るい。それは馬たちのしたたかなたたずまいと、どこか響き合っている気がする。

引退競走馬を救おうとしてはじまった彼の活動は、「かわいそうな」馬たちによって人が救われるという、新しい局面を見せはじめている。名伯楽と馬、それを取り巻く人々の活動は、わたしたちの社会を照らすたしかな光となっていくに違いない。

最後になったが、今回は資料集めから取材の段取りまで、天理教道友社の岡島藤也《ふじや》さんにすっかりお世話になった。とくに彼がスマホで撮ってくれた、角居さんが講義や路傍講演をされている動画は、実際に立ち会えないことが多かっただけに、とても参考になった。この本が書けたのは、ひとえに岡島さんのおかげである。心から感謝申し上げる。

２０２４年１月27日

角居勝彦【すみい　かつひこ】

1964年、石川県金沢市生まれ。高校卒業後、グランド牧場北海道に就職。その後、JRA競馬学校厩務員課程を経て、86年から調教助手。2000年、調教師免許取得。翌年、厩舎開業。数々の名馬を育て上げ、JRA通算762勝、G1･26勝、海外G1･５勝。最多賞金獲得調教師賞５回、最多勝利調教師賞３回獲得。21年２月、定年まで10年以上を残して勇退した。
11年からイベント『サンクスホースデイズ〜馬に携わる人たちが馬に感謝する日〜』を各地で継続的に開催。13年、一般財団法人ホースコミュニティを立ち上げる。16年、引退馬支援のための『Thanks Horse Project』開始、19年に『Thanks Horse Platform』へ移行し、各団体と協働して活動を続けている。
主な立場に、一般財団法人ホースコミュニティ代表理事、認定特定非営利活動法人サラブリトレーニング・ジャパン理事長、一般社団法人ジャパンホースグラウンドワーク協会理事、みんなの馬株式会社COOほか。

本書で登場した、角居勝彦氏が関わる団体や活動について、詳細は以下のURLから最新の情報をご参照ください。

サンクスホースプラットフォーム
https://thankshorseplatform.com/

株式会社ＴＣＣ Japan（ＴＣＣセラピーパーク）
https://tcc-japan.com/

みんなの馬株式会社（珠洲ホースパーク）
https://www.minnano-uma.com/

天理大学特別講義【ホースセラピー】
https://tenri-u.jp/horse/

片山恭一【かたやま　きょういち】

1959年、愛媛県生まれ。九州大学卒業、同大学院修士課程修了。86年、大学院在学中に手がけた『気配』で文學界新人賞受賞、文壇デビューを果たす。95年、『きみの知らないところで世界は動く』で単行本デビュー。2001年刊行の『世界の中心で、愛をさけぶ』（小学館）は、平成における恋愛小説で最多の321万部を記録。映画化・テレビドラマ化され、『セカチュー』が流行語になるなど、社会的ブームとなる。

『どこへ向かって死ぬか——森有正と生きまどう私たち』（日本放送出版協会）、『愛について、なお語るべきこと』（小学館）、『死を見つめ、生をひらく』（ＮＨＫ出版新書）、『世界の中心でＡＩをさけぶ』（新潮新書）、『世界が僕らを嫌っても』（河出書房新社）など著書多数。近刊に『あの日ジョブズは』（ＷＡＣ）、『霧のなかのバーバラ——学習しょうがいを克服した女性の物語』（文芸社）がある。

本書を刊行する道友社は、引退馬支援などを行う一般社団法人「サンクスホースプラットフォーム」（角居勝彦・代表理事）の主旨とその活動に賛同し、本書の売上の一部を同プラットフォームへ寄付いたします。

馬《うま》をたすけ 人《ひと》をたすけ
名伯楽《めいはくらく》・角居勝彦《すみいかつひこ》がめざす「陽気《ようき》ぐらし」

2024年４月１日　初版第１刷発行

著　者　　片 山 恭 一

発行所　　天理教道友社
〒 632-8686　奈良県天理市三島町１番地１
電話　0743（62）5388
振替　00900-7-10367

印刷所　　大日本印刷㈱

ISBN978-4-8073-0666-4
定価はカバーに表示